Liturgie- und Gesangbuchkonferenz der evangelisch-reformierten Kirchen
der deutschsprachigen Schweiz (LGBK) (Hg.)
À table!

TVZ

À table!
Abendmahl neu entdecken
Lieder, Liturgien, Handreichung

Herausgegeben von der Liturgie- und Gesangbuchkonferenz
der evangelisch-reformierten Kirchen
der deutschsprachigen Schweiz (LGBK)

TVZ
Theologischer Verlag Zürich

Der Theologische Verlag Zürich wird vom Bundesamt für Kultur
für die Jahre 2021–2024 unterstützt.

Bibliografische Informationen der Deutschen Nationalbibliothek
Die Deutsche Nationalbibliothek verzeichnet diese Publikation in der Deutschen
Nationalbibliografie; detaillierte bibliografische Daten sind im Internet über
http://dnb.dnb.de abrufbar.

Umschlaggestaltung
Simone Ackermann, Zürich

Satz und Layout
Claudia Wild, Konstanz

Druck
AZ Druck und Datentechnik GmbH, Kempten

ISBN 978-3-290-18598-5 (Print)

© 2024 Theologischer Verlag Zürich
www.tvz-verlag.ch

Alle Rechte, auch die des auszugsweisen Nachdrucks, der fotografischen und
audiovisuellen Wiedergabe, der elektronischen Erfassung sowie der Übersetzung,
bleiben vorbehalten.

Inhalt

Vorwort und Einleitung 7

Liturgisch-praktische Gestaltungsfragen rund um das Abendmahl.
Eine Handreichung 13

    Den Tisch bereiten 13

    Rollen, Beteiligung der Helfer:innen, der Gemeinde 15

    Liturgische Gesten 17

    Austeilungsformen und -praktiken 19

Einführung: Musik und Lieder im Abendmahl 25

    Verzeichnis der Lieder in den Abendmahlsliturgien 27

Ausgewählte Beispiele von Abendmahlsliturgien 29

Erwachsene, mit thematischem Schwerpunkt 30

    Singend feiern: Liturgie mit den acht neu komponierten
    Gemeindeliedern zum Abendmahl 30

    Teilt Leben in Fülle: Abendmahlsfeier zur Geschichte
    vom grossen Gastmahl (Lk 14,12–24) 35

    Gestärkt in die neue Woche: Liturgie für Werktage 39

    Suchen und finden, hören und schmecken: Liturgie
    mit Bekenntnis 46

    Neue Worte für alte Themen: Liturgie mit dem Fokus
    auf Schuld und Vergebung 51

Kinder, Familien und Jugendliche 65

    Ich laden oi ii: Abendmahl mit den Kindern
    und Familien des 3. Klass-Unterrichts 65

    E Nacht vo de Verwandlig: Generationengottesdienst
    zu Joh 21,1–14 69

    Wir feiern das Leben: Eine Abendmahlsliturgie
    für Jugendliche mit Klangschale und Zündhölzern 81

Erwachsene, mit Bezug zum Kirchenjahr 84

    Gott mit uns: Abendmahl an Weihnachten 84

    Zerrissen und zusammengefügt: Feier für die
    Passionszeit 86

    Was unterscheidet eigentlich diese Nacht von allen anderen
    Nächten? Feier für den Gründonnerstag 93

    Keim der Hoffnung – Kraft des Lebens:
    Abendmahl am Karfreitag 98

Lieder in den Abendmahlsliturgien (Liedliste) 105

Die 35 Lieder der Abendmahlsliturgien (Liedsätze) 107

Anhang 163

    Die Mitglieder der vier Arbeitsgruppen 164

    Auswahl Abendmahlslieder in RG und Rise Up (plus) 166

    Für dich! Spendeworte zu Brot und Wein/Traubensaft 170

    Literatur zum Abendmahl 172

    Liturgiesammlungen 173

Vorwort und Einleitung

Mit Freude übergeben wir das vorliegende Buch Pfarrpersonen, Musikerinnen und Musikern, weiteren Mitwirkenden und am Abendmahl Interessierten. Es ist ein Resultat des Prozesses «à table – Abendmahl neu entdecken!», den die Liturgie- und Gesangbuchkonferenz der evangelisch-reformierten Kirchen der deutschsprachigen Schweiz (LGBK) im Jahr 2019 startete.

Der Handlungsbedarf schien uns gross. Zwar hatte sich die LGBK bereits mehrfach mit dem Abendmahl befasst: 1984 erschien der Liturgieband zum Abendmahl, 1998 wurde im Reformierten Gesangbuch (RG 153) eine liturgische Grundstruktur vorgeschlagen, und neuere ausformulierte Liturgien sind in der Taschenausgabe von 2011 zu finden, vereinzelte weitere auf der Website der LGBK.

Dennoch fristet dieses Sakrament an vielen Orten ein eher kümmerliches Dasein, bis hin zur Tendenz, dass treue Gemeindeglieder den Gottesdiensten fernbleiben, wenn Abendmahl gefeiert wird. Zudem bestehen bei der Feier des Abendmahls in den verschiedenen Gemeinden und Landeskirchen grosse Unterschiede bezüglich der Häufigkeit und der Verbindlichkeit der liturgischen Form.

Dem kümmerlichen Dasein des Abendmahls wollte die LGBK abhelfen mit einem «lustvollen, partizipativen Prozess [...], der möglichst alle kirchlichen Ebenen erfasst»[1]. Entsprechend hochgesteckt waren die Ziele: Sie reichten von der Erschliessung systematisch-theologischer Grundlagen über die Gestaltung von neuen Liturgien bis zu einer offensiven Öffentlichkeitsarbeit mit dem Anliegen, breite kirchliche Kreise zu beteiligen. Das Abendmahl sollte nicht mehr als liturgisches «Anhängsel», sondern als integraler Bestandteil des Gottesdienstes gefeiert werden. Seine Bedeutung sollte sich lösen vom in der reformierten Tradition

---

[1] Zitate aus dem Antrag für den Abendmahlsprozess an der Abgeordnetenversammlung der LGBK vom 11. Juni 2019.

begründeten Fokus auf Schuld und Busse, um anderen Aspekten Raum zu verschaffen: Gemeinschaft mit Gott und Mensch, ein Mahl der Stärkung und Ermutigung, bei dem Hoffnung und Freude zum Tragen kommen. Weil wir den Prozess partizipativ gestalten wollten, entschieden wir uns zu einem induktiven Vorgehen. Wir wollten nicht von Beginn an selbst Liturgien erarbeiten, sondern wahrnehmen, wie das Abendmahl in den Gemeinden aktuell gefeiert wird, Liturgien sammeln, sichten und eine Auswahl davon veröffentlichen.

Der Prozess war auf drei Jahre begrenzt, hätte also im Sommer 2022 abgeschlossen werden sollen. Verschiedene Umstände führten zu erheblichen Verzögerungen. Zum einen kam uns die Covid-19-Pandemie in die Quere: Der Lockdown und die Einschränkungen von 2020 bis anfangs 2022 bremsten auch den Abendmahlsprozess. Zum andern gab es einen Wechsel in der Projektleitung: Pfr. Peter Weigl musste diese im November 2022 aus beruflichen Gründen abgeben. Ich sprang in meiner Funktion als Koordinator ein.

Trotz allem blieben die Beteiligten motiviert beim Thema. Insgesamt vier Teams waren an der Arbeit. Den Anfang machte, dem oben erwähnten Vorgehen entsprechend, die Gruppe «Sammlung & Sichtung». Sie versandte im Herbst 2020 eine Umfrage zur gegenwärtigen Praxis und zu den Wünschen und Anliegen betreffend des Abendmahlsprozesses an sämtliche reformierte Pfarrämter der Deutschschweiz und des Tessins, verbunden mit der Bitte, uns Liturgien einzusenden, die sich in der eigenen Praxis bewährt haben.[2] Der Rücklauf war mit rund 20% erfreulich hoch – für uns ein Zeichen, dass das Thema aktuell ist.

Die Auswertung ergab ein disparates Bild. Dem Wunsch nach reformierter Vielfalt stand das Anliegen gegenüber, der verbreiteten Beliebigkeit ein Ende zu setzen und die Liturgie zu vereinheitlichen. Die einen Pfarrpersonen forderten Innovation und Mut zu neuen, ausgefallenen Formen. Fast gleich viele plädierten vehement für die Rückkehr zu einer traditionellen, ökumenisch anschlussfähigen Liturgie. Der verbreitete Wunsch nach einer alltagsnahen, zeitgemässen Sprache steht in Spannung zum Anliegen theologischer Korrektheit und Nähe zu den biblischen Grundlagen.

---

2   Die Resultate der Umfrage sind unter folgendem Link zu finden: https://www.gottesdienst-ref.ch/perch/resources/lgbk-tableumfrage2020.21aus wertungdef.pdf.

Dementsprechend vielfältig sind die insgesamt 125 Liturgien und Einzeltexte, welche uns rund sechzig Pfarrpersonen zustellten.

Die zweite Arbeitsgruppe «Theologie & Liturgik», welcher Lehrende an den Universitäten und weitere Fachpersonen angehörten, übernahm die Aufgabe, theologische und liturgische Grundlagen zu erarbeiten und publizieren. Hier herrschte rasch Einigkeit, dass bereits genug Fachliteratur zum Abendmahl vorhanden[3] und eine weitere Publikation nicht nötig ist. Mit viel Freude und Engagement wurde stattdessen ein Film erarbeitet, der das Thema anschaulich und abwechslungsreich entfaltet. Er verwendet eine Sprache, die nicht nur Fachpersonen, sondern allen Interessierten zugänglich ist. Interessierte finden den Film[4] und die Worddateien der 12 Liturgien auf unserer Website, QR-Code bitte einscannen:

Film zum Abendmahl

Eine dritte Arbeitsgruppe befasste sich mit dem Thema «Musik & Lieder». Auch hier kamen die Mitwirkenden zum Schluss, dass es nicht an grundsätzlichen Erwägungen fehlt.[5] Das Manko liegt vielmehr bei Gesängen, welche die Feiernden am Geschehen beteiligen, und an praktischen Hinweisen, wie Musik und Lieder in der Liturgie nicht nur eine dekorative Rolle spielen, sondern ihre tragende Funktion wahrnehmen können. Zwei Mitglieder der Arbeitsgruppe, Roman Bislin und Andreas Hausammann, texteten und komponierten darauf acht kurze Gemeindelieder (Lied 1–8), mit denen die Feiernden die liturgischen Schritte mitgestalten und so am Abendmahl partizipieren. Die acht Lied-Beiträge finden sich in diesem

---

3   Eine Auswahl ist im Literaturverzeichnis zu finden.
4   Der Film wurde produziert von der Schwarzfalter GMBH, die Musik eingespielt von Andreas Hausammann und Peter Lenzin, unter Verwendung von Liedern aus dieser Publikation.
5   Eine Auswahl ist ebenfalls im Literaturverzeichnis zu finden.

Buch, zusammen mit weiteren Liedern zum Abendmahl, welche sich weder im Reformierten Gesangbuch noch im Rise Up plus befinden (Auflistung S. 27–28 und S. 105–106, Sätze der Lieder S. 108–162), sowie Hinweisen, wie Lieder als tragende Elemente der Liturgie eingesetzt werden können.

Die vierte Arbeitsgruppe «Synthese» nahm den Auftrag wahr, Feiern zusammenzustellen, welche den Wünschen aus der Umfrage entsprechen. Grundlage war, dem induktiven Vorgehen entsprechend, die Auswahl von knapp 30 Liturgien und Texten aus den 125 eingesandten Beiträgen, welche die Arbeitsgruppe «Sammlung & Sichtung» getroffen hatte. Es stellte sich heraus, dass noch Lücken bestanden. Die Arbeitsgruppe redigierte deshalb nicht nur das Vorhandene, sondern machte sich auf die Suche nach weiteren Liturgien und verfasste ergänzend dazu eigene Texte. Eine breitere Auswahl ist seit Anfang 2023 auf der Website der LGBK zu finden: https://www.gottesdienst-ref.ch/aktuelles/a-table-abendmahl-neu-entdecken/abendmahlsliturgien-best-practice. In diesem Buch publizieren wir jene zwölf Liturgien, die uns am meisten überzeugten. Dabei ist jedoch zu betonen, dass wir weder einen Anspruch auf Vollständigkeit noch auf Verbindlichkeit erheben. Die Texte dürfen gerne für die jeweilige Situation angepasst, erweitert oder gekürzt werden. Wenn sie Mut und Freude zum Feiern des Abendmahls machen und dazu anregen, eigene Formen zu entwickeln, haben sie ihr Ziel erreicht.

Leitend für die Auswahl war einerseits die liturgische Vielfalt. So erstellten und bearbeiteten wir Feiern für möglichst verschiedene Anspruchsgruppen, innovative und eher traditionelle Formen. Auch sprachlich ist die Auswahl vielfältig: Mundart, Standarddeutsch, eher hochkirchliche Sprache, leichtere Sprachformen, alte, bekannte Worte und neue Ausdrucksweisen. Die einen Feiern sind still und besinnlich, andere fröhlich und bunt. Die Beteiligung der Gemeinde war uns ein zentrales Anliegen. Das Abendmahl lebt, wenn die Feiernden Teil des Geschehens werden. Dann wird es ganzheitlich erfahrbar und ergänzt die auf das Wort fokussierte Predigt.

Inhaltlich legten wir Wert darauf, dass die verschiedenen Bedeutungsaspekte des Abendmahls zum Zuge kommen: Gemeinschaft, Stärkung, Hoffnung und Freude, Vergebung und Versöhnung.

Noch eine Bemerkung zu den Einsetzungsworten: Manchen Verantwortlichen ist es ein Anliegen, diese einfacher und verständlicher zu formulieren. So finden sich in den Liturgien neben den traditionellen, biblischen Einsetzungsworten auch Übertragungen derselben. Wir haben uns entschieden, diese Vielfalt stehen zu lassen, im Bewusstsein, wie heikel solche Übertragungen sind. Sie finden ihre Grenze einerseits beim biblischen Urtext. Andererseits haben die Einsetzungsworte in Bezug auf die ökumenische Verbundenheit eine ähnliche Bedeutung wie das Unser Vater. Wir empfehlen bei allfälligen Übertragungen deshalb höchstmögliche Sorgfalt.

Sorgfalt ist bei der Gestaltung der ganzen Feier vonnöten. Gerade wenn diese fröhlich und festlich werden soll, müssen Musik, Lieder, Worte und Atmosphäre stimmig zusammenspielen. Details können dabei eine zentrale Rolle spielen. Aus diesem Grund findet sich in unserem Buch zusätzlich eine Handreichung, welche Dr. Katrin Kusmierz (Kompetenzzentrum Liturgik, Theologische Fakultät der Universität Bern) verfasst hat. Sie enthält Hinweise zur Gestik, Gestaltung des Raums, Platzierung der Mitwirkenden, zu verschiedenen Formen der Austeilung und weitere praktische Anstösse zur Vorbereitung von gelingenden Feiern.

Ich danke allen Mitgliedern der Arbeitsgruppen (siehe S. 164–165) und weiteren Beteiligten für ihr grosses Engagement. Und ich hoffe, dass diese Publikation ihren Zweck erfüllt und Lust macht auf die Feier des Abendmahls.

Pfr. Thomas Muggli-Stokholm
Koordinator der LGBK
im Namen aller am Prozess «à table – Abendmahl neu entdecken!» Beteiligten

Liturgisch-praktische Gestaltungsfragen rund um das Abendmahl. Eine Handreichung

Katrin Kusmierz

Den Tisch bereiten

Der Abendmahlsteil setzt ein mit einer wichtigen Handlung: der sichtbaren Vorbereitung des Tisches, ähnlich wie bei einem Festmahl. Hier wird deutlich: Ein neuer liturgischer Akt beginnt. Die Art und Weise, wie der Tisch gedeckt wird, spielt dabei eine grosse Rolle und bestimmt den Charakter der Abendmahlsfeier.

Es lohnt sich, diese Gestaltungsaufgabe mit Sorgfalt in Angriff zu nehmen. Der Abendmahlstisch ist das visuelle Zentrum der Feier. In Konkurrenz zu Kelch und Brotschale treten zuweilen Rednerpulte, liturgische Bücher, Ringordner, Mikrofone oder lose Blätter, die auf dem Abendmahlstisch liegen bleiben.

Eventuell können die Gaben auch von verschiedenen Personen erst hereingetragen und dann die Kelche gefüllt und Brot hingelegt werden. Dies ist eine Möglichkeit, das Abendmahl als Gemeindefeier, an der alle beteiligt sind, zu akzentuieren.

Kelch, Einzelkelche, Krüge

Die Einzelkelche werden in Zukunft nicht mehr wegzudenken sein. Dennoch sollten die grossen Kelche mit auf dem Tisch stehen – sie bringen die Verbundenheit aller im *einen* Kelch sinnbildlich zum Ausdruck. Die Einheit kann auch dadurch deutlich gemacht werden, dass der Wein/Traubensaft sichtbar aus einem Krug in den Gemeinschaftskelch und die Einzelkelche gefüllt wird.

Wein, Traubensaft

Aus Rücksicht auf Kinder und Alkoholkranke empfiehlt es sich, Traubensaft zu verwenden und Wein in einem separaten Kelch. Manche Kirchenordnungen schreiben Ersteres sogar vor. In Kombination mit Kelch/Einzelkelchen entsteht dadurch allerdings eine organisatorische Komplexität, die der eigentlichen Feier des Abendmahls abträglich sein kann. Diese gilt es gut zu durchdenken.

Ob Rot- oder Weisswein, bzw. roter oder weisser Traubensaft verwendet wird: Dazu bestehen in der reformierten Deutschschweiz je nach Region und Gemeinde unterschiedliche Traditionen.

Brot

In reformierten Abendmahlsfeiern wird Brot verwendet, alltägliches Brot, das die Menschen nährt.[1] Am sinnfälligsten bringt ein *Laib* Brot, der in kleine Stücke geteilt wird, die Einheit und Gebrochenheit des einen *Leibes* zum Ausdruck.

Das Brot muss gut zerteilbar sein; evtl. kann es leicht angeschnitten werden. In manchen Gemeinden wird extra Brot gebacken oder ein spezielles Brot beim Bäcker bestellt.

Hygiene

Mit Corona ist das Bewusstsein für Fragen der Hygiene noch einmal gestiegen. Diejenigen, die Brot austeilen, sollten sich zuvor die Hände desinfizieren. Tun sie dies sichtbar, mag dies beruhigend auf die Gemeinde wirken; gleichzeitig lässt es das Abendmahl als eine sterile Angelegenheit erscheinen, und das Händewaschen wird zu einem quasi liturgischen Akt. Darum empfiehlt es sich eher, das Desinfizieren am Sitzplatz (bspw. während des Orgelspiels nach der Predigt) vorzunehmen, oder diskret an der Seite des Kirchenraums.

---

[1] Einführung in die Praxis des Abendmahls, in: Liturgie. Bd. III Abendmahl, hg. im Auftrag der Liturgiekonferenz der evangelisch-reformierten Kirchen in der deutschsprachigen Schweiz, Bern 1983, S. 42.

Den Tisch «abräumen»
In den meisten Abendmahlsgottesdiensten bleiben Brot und Wein/Traubensaft bis zum Ende auf dem Abendmahlstisch stehen. Sie werden wieder sorgfältig platziert und zugedeckt. Dies hat wohl vor allem optische Gründe – der Tisch soll nicht unordentlich aussehen. Ebenso zeugt dies von Sorgfalt im Umgang mit den Elementen Brot und Wein. Rituell visualisiert der Akt des Zudeckens das Ende des Abendmahlsteils.

Zum Umgang mit den übriggebliebenen Elementen schreiben die Autoren der Einführung zum Band III «Abendmahl» der LGBK von 1983, man solle denen, die damit umzugehen haben, einiges zutrauen dürfen: «Weder eine für Angehörige anderer Konfessionen provozierende Gleichgültigkeit noch eine übertriebene Skrupelhaftigkeit sind hier am Platz, sondern die ganz natürliche Ehrfurcht.»[2]

Rollen, Beteiligung der Helferinnen und Helfer, der Gemeinde

Die meisten Kirchenordnungen legen die Verantwortung für die Leitung des Abendmahls in die Hände der Pfarrpersonen; in einigen Kantonalkirchen dürfen auch Prädikantinnen und Prädikanten Abendmahlsfeiern leiten. Liturginnen und Liturgen, Kirchenmusikerinnen und Kirchenmusiker, Mitglieder des Kirchgemeinderates, Sigristinnen und Sigristen und weitere Mitglieder der Gemeinde gestalten das Abendmahl jedoch gemeinsam.

Viele Kirchenordnungen legen ausserdem fest, dass die Formen, in denen das Abendmahl gefeiert wird, von Pfarrpersonen und vom Kirchenvorstand/Kirchgemeinderat gemeinsam bestimmt werden.

Damit das Zusammenwirken der verschiedenen Akteurinnen und Akteure reibungslos funktioniert, sind im Vorfeld genaue Absprachen notwendig:
- Wie kommen Worte, Handlungen und Musik in der Feier des Abendmahls zusammen? Welches Leitmotiv steht im Vordergrund, welche Atmosphäre wird angestrebt?
- Wie wird die Austeilung organisiert? Wer teilt was aus? Wer steht wo? Wann kommen die Helfenden nach vorne?

---

2   A.a.O., S. 41.

- Wann bekommen die Helfenden selbst (inkl. Kirchenmusikerinnen und Kirchenmusiker) das Abendmahl?
- Werden Spendeworte verwendet und wenn ja, welche?

Es empfiehlt sich, den Ablauf der Austeilung vor dem Gottesdienst mit den Beteiligten gemeinsam einzuüben.

Wer macht den Tisch bereit?

In der Regel übernimmt die Vorbereitung des Abendmahltischs die Sigristin oder der Sigrist; die Pfarrperson nimmt dann zu Beginn des Abendmahlsteils die Tücher von Brot und Wein. Denkbar ist auch das sichtbare Hereintragen der Gaben durch Mitglieder der Gemeinde (siehe oben) bzw. durch die Abendmahlshelfenden. In vielen reformierten Gemeinden weltweit ist dies die Aufgabe von Kirchenrätinnen und Kirchenräte.

Wer teilt was aus?

Üblicherweise teilt die Pfarrperson das Brot aus, die Abendmahlshelfenden reichen die Kelche. Woher diese Praxis kommt und worin sie begründet ist, ist unklar. Grundsätzlich spricht liturgisch oder theologisch nichts Zwingendes für diese Aufteilung, ausser vielleicht die Praxis der Gewohnheit. Die Feiernden können sich Brot und Wein auch weiterreichen (siehe unten «Austeilungsformen und -praktiken»).

Wann bekommen die Helfer:innen das Abendmahl?

Es gibt grundsätzlich zwei Möglichkeiten, die beide praktiziert werden: zu Beginn der Austeilung oder nachdem alle Gottesdienstfeiernden das Abendmahl erhalten haben. Letztere Variante betont den Dienstcharakter: Die Austeilenden reichen das Abendmahl zuerst den anderen, bevor sie selbst es geniessen. Für den Beginn wird das Argument ins Feld geführt, die Austeilenden müssten die Gaben zuerst selbst empfangen, bevor sie sie weiterreichen. Dies setzt allerdings voraus, dass im eigentlichen Akt des Essens und Trinkens etwas Bestimmtes geschieht, das zu einer Voraussetzung für das Weitergeben der Gaben wird. Die Reformatoren hingegen bemühten sich, das heilsame, verwandelnde Geschehen des Abendmahls gerade nicht an den Elementen festzumachen, sondern an der Feier als Ganzes, bzw. an der Wirkkraft des Heiligen Geistes. Folgt man dieser Argumentationslinie, ist ein Empfang der Gaben im Voraus nicht zwingend.

Auch die Pfarrperson sollte sich das Abendmahl nicht selbst nehmen, sondern es gereicht bekommen. Damit wird signalisiert, dass auch sie sich als Teil der empfangenden Gemeinde versteht.

Im Vorfeld sollte mit dem Kirchenmusiker oder der Kirchenmusikerin besprochen werden, ob und wann sie oder er das Abendmahl nehmen möchte.

Liturgische Gesten

Einsetzungsworte/Abendmahlsbericht

Es gibt verschiedene Möglichkeiten, wie die Einsetzungsworte (bzw. der Abendmahlsbericht) gestisch gestaltet werden können:

… mit Brotbrechen und Erheben des Kelches[3]
Während die Liturgin die Einsetzungsworte spricht, hebt sie das Brot leicht hoch und bricht es; ebenso hebt sie den Kelch hoch. Die Blickrichtung geht zu den Mitfeiernden hin, der Abendmahlsbericht wird auswendig gesprochen.

Für diese Variante spricht, dass Liturgin bzw. Liturg und Gemeinde eine gestische/optische Hilfestellung dazu erhalten, in das Abendmahlsgeschehen einzutauchen. Sie hilft, dieses im Hier und Jetzt Gegenwart werden zu lassen. Die Feiernden werden sozusagen zurückversetzt in die Urszene, was auch Zwingli ein Anliegen war. Die gestische Gestaltung der Einsetzungsworte hebt diese im sonst gestenarmen reformierten Gottesdienst als besonderen Moment hervor.

Auf der anderen Seite können Bedenken erhoben werden, dass damit eine ungewünschte Identifikation zwischen Christus und der Liturgin erfolgt.[4] Auch christkatholische Priesterinnen und Priester verzichten aus diesen Gründen auf eine Elevation, bzw. auf das Brechen des Brotes zur Rezitation der Einsetzungsworte. Letzteres erfolgt in einem separaten Akt im weiteren Verlauf der Liturgie.

---

3 Siehe dazu auch die «Einführung in die Praxis des Abendmahls», S. 38f und S. 42, oder Plüss, David / Deeg, Alexander, Liturgik (Lehrbuch Praktische Theologie, Bd. 5), Gütersloh 2021. S. 394.
4 «Einführung in die Praxis des Abendmahls», S. 42.

Gegen eine gestische Inszenierung wird auch das reformatorische Verständnis der Einsetzungsworte als «Lesung» vorgebracht.[5] Dieses war dem Anliegen geschuldet, jedem Verdacht eines magischen Aktes entgegenzuwirken, der sich im Sprechen der Worte vollziehen könnte.

Uns scheint jedoch, die Funktion der Erinnerung und die Möglichkeit des Miterlebens legitimiere das Brotbrechen und die angedeutete Geste des Austeilens während der Einsetzungsworte. Ähnlich argumentierten die Verfasser der Einleitung zum Band Abendmahl der LGBK von 1983. Vom Brotbrechen zeugten alle Abendmahlsberichte im NT, «das Brot brechen» sei eine der ältesten Bezeichnungen für die Eucharistie und in diesem Vorgang sei der «Tod Jesu, der uns zum ewigen Leben dient» symbolisiert.[6]

Eine Möglichkeit, einen Akt des Brotbrechens beizubehalten, ohne diesen mit den Einsetzungsworten zu verbinden, besteht darin, dass dieser unmittelbar vor der Austeilung vollzogen wird (s. u.).

... mit einer deutenden Geste

Der Liturg zeigt während des Sprechens der Abendmahlsworte mit der nach oben offenen Hand auf Brot und Wein/Traubensaft.

... ohne Gesten

Die Liturgin nimmt weder Brot noch Wein in die Hand. Sie liest die Einsetzungsworte vor; ihr Blick bleibt auf den Text gesenkt (oder richtet sich alternativ auf die Mitfeiernden).

Hier wird der Lesungscharakter der Einsetzungsworte betont. Jede Rollenüberlagerung wird vermieden. Der gesenkte Blick errichtet allerdings eine kommunikative Barriere zu den Mitfeiernden.

... Brotbrechen als separater Akt

Die reformierte Liturgie der französischsprachigen Schweiz kennt ebenfalls einen separaten Akt des Brotbrechens. Dieser erfolgt nach dem Unser Vater, vor der Austeilung, begleitet von den Worten:

---

5   Siehe dazu auch die «Einführung in die Praxis des Abendmahls», S. 37.
6   In der «Einführung in die Praxis des Abendmahls» wird zweimal dafür plädiert: auf S. 38 und ein zweites Mal auf S. 49.

«*Le pain que nous rompons est la communion au corps de notre Seigneur Jésus-Christ / Das Brot, das wir brechen, ist die Gemeinschaft des Leibes Christi.*»
«*Le coupe de bénédiction, pour laquelle nous rendons grâces, est la communion au sang de notre Seigneur Jesus-Christ / Der Kelch, den wir segnen, ist die Gemeinschaft des Blutes Christi.*»

Auch in der Form A1 in der Reformierten Liturgie der deutschen reformierten Kirche ist dies so vorgesehen: Das Brot wird kurz vor der Austeilung gebrochen, dazu werden die eben genannten Worte gesprochen.[7]

Geste zur Epiklese
Die Bitte um den Heiligen Geist für die Gemeinde kann durch eine Segensgeste unterstützt werden. Angemessen wäre eine Orantenhaltung, mit leicht ausgestreckten Armen und nach oben geöffneten Handflächen.

Eine Bitte um den Heiligen Geist über den Gaben (Brot und Wein) ist im reformierten Abendmahl eher unüblich mit der Begründung, dass es im reformierten Verständnis nicht um eine Wandlung der Gaben, sondern um eine Wandlung der Gemeinde geht. Ggf. werden kombinierte Formeln verwendet wie «Sende Deinen heiligen Geist auf uns und diese Gaben, damit er uns erneure ...» (Taschenausgabe Liturgie 2011). Damit wird eine Wertschätzung von Brot und Wein/Traubensaft zum Ausdruck gebracht, die als Schöpfungsgaben Leib und Seele stärken.

Austeilungsformen und -praktiken

Jede Austeilungsform setzt ihren eigenen liturgisch-theologischen Akzent und beeinflusst die Art und Weise, wie die Feiernden das Abendmahl erleben. Welche Form gewählt wird, hängt aber auch von den Gewohnheiten der Kirchgemeinden ab. Zudem sind pragmatische Gründe ent-

---

7   Bukowski, Peter u. a. (im Auftrag des Moderamens des Reformierten Bundes), Reformierte Liturgie. Gebete und Ordnungen für die unter dem Wort versammelte Gemeinde, Neukirchen 2010, www.reformiert-info.de/daten/ File/Upload/doc-6888-1.pdf, S. 350f.

scheidend, bspw. die Anzahl Personen, die zum Abendmahl erwartet werden, der Anlass oder die Möglichkeiten und Grenzen des Raumes, in dem gefeiert wird. Und während die einen die Nähe und Gemeinschaft mit anderen in einem Halbkreis geniessen, bevorzugen andere die relative Anonymität eines wandelnden Abendmahls.

Jede Form hat zudem Auswirkungen auf die (Selbst-)Wahrnehmung derer, die nicht am Abendmahl teilnehmen wollen. Ein grosser Kreis vorne bspw. schliesst optisch diejenigen aus, die in den Bänken sitzen bleiben wollen. Es gibt Vorschläge, dieses Problem dadurch zu lösen, dass alle nach vorne kommen und diejenigen, die kein Abendmahl möchten, dies mit einer Geste signalisieren.

(A) Wandelnde Kommunion

Bei der wandelnden Kommunion kommen die Feiernden in einer Reihe im Mittelgang des Kirchenraumes nach vorne, empfangen vorne in der Mitte das Brot und gehen dann zu den Seiten hin weiter, um dort Wein oder Traubensaft zu erhalten. Wenn möglich, gehen sie an den Seiten des Kirchenschiffs nach hinten.

Diese Form hat ihren Ursprung in der reformatorischen Abendmahlspraxis in Genf und geht auf Jean Calvin zurück. Für ihn nahmen die Feiernden das Abendmahl «comme un fugitif» bzw. in Anlehnung an das in der Wüste wandernde Gottesvolk in der Exoduserzählung. Damit wird das gemeinsame Unterwegssein betont und weniger die Erinnerung an die Ursprungsszene: das gemeinsame Mahl Jesu mit seinen Jüngern.

(B) Kommunion im Kirchenschiff

Zwingli war gerade Letzteres wichtig: die Erinnerung an die Ursprungsszene des Abendmahls zu wecken. Er liess Brot und Wein der in den Bänken sitzenden (oder knienden) Gemeinde austeilen, bzw. reichen (das Brot in einer grossen Schüssel, aus der sich jede:r einen Bissen nahm bzw. brach). Damit wird zusätzlich betont: Christus selbst kommt in seinem Mahl zu den Menschen hin.

(C) Kommunion rund um den Abendmahlstisch stehend

Bei dieser Form kommen die Feiernden entweder in Gruppen oder alle gemeinsam nach vorne und bilden einen Kreis/Halbkreis um den Abendmahlstisch herum. Diese Form legt ihren Akzent auf die Gemeinschaft im

Abendmahl. Sie symbolisiert zudem das gemeinsame Sich-Versammeln am oder um den Tisch.

In vielen Gemeinden ist es üblich, dass die Feiernden am Ende der Austeilung mit einem Zuspruch aus der Bibel aus dem Halbkreis entlassen werden.

(D)   Abendmahl rund um einen Tisch sitzend

Die Feiernden sitzen alle an Tischen. In jüngerer Zeit wird vermehrt auch mit dieser Form experimentiert. Manchmal folgt dem liturgisch gefeierten Abendmahl ein gemeinsames Essen. Diese Form kommt der Ursprungsszene am nächsten und verknüpft das Abendmahl mit dem alltäglichen gemeinsamen Essen, das Menschen verbindet und stärkt.

Austeilen oder weiterreichen

In der Regel reichen die Pfarrperson das Brot, die Abendmahlshelfer:innen den Wein (siehe oben). Das Brot wird in die ausgestreckte Hand der Empfangenden gelegt. Auch der Kelch wird den Einzelnen gereicht. Damit wird rechtfertigungstheologisch der Gabecharakter des Abendmahls hervorgehoben. Die Gnade, die im Abendmahl sichtbaren Ausdruck findet, ist Geschenk.

Eine weitere Möglichkeit besteht darin, dass die Feiernden sich die Gaben gegenseitig weitergeben, wenn sie im Halbkreis stehen oder in den Bänken sitzen.

Diese Form empfiehlt sich vor allem für die Formen B, C und D sowie für das Abendmahl im kleineren Kreis. Das Weiterreichen von Brot und Wein bedarf jedoch einiger Überlegungen bzw. Erklärungen. Während es sich mit dem Kelch einfach umsetzen lässt, ist das Weiterreichen des Brotes komplizierter, wenn man möchte, dass die Teilnehmenden sich das Brot nicht selbst nehmen, sondern überreicht bekommen. Bewährt hat sich die Form, dass A den Brotkorb an ihre Nachbarin B weiterreicht, ohne schon Brot zu nehmen und dass B daraufhin A ein Stück Brot gibt. Daraufhin gibt B den Brotkorb an C; C wiederum reicht B ein Stück Brot usw.

Diskutiert wird, ob sich die Feiernden Brot und Wein auch selbst nehmen können. Beispielsweise werden die Einzelkelche oft nicht überreicht, sondern von den Feiernden vom Tablett genommen.

Unter Bezugnahme auf das oben genannte Argument plädieren viele für das Geben/Empfangen der Gaben. Möchte man vermeiden, dass sich die Feiernden die Einzelkelche selbst nehmen, braucht es also zwei Austeilende: eine Person, die das Tablett balanciert, und eine, welche die Becher überreicht.

Für das Geben/Empfangen sprechen nicht nur liturgisch-theologische, sondern auch anthropologische Gründe. Für viele wird dieser Akt zu einem besonderen Moment in der Feier des Abendmahls, zumal wenn er – wie in vielen Gemeinden – mit Spendeworten verbunden wird. Die Gaben Gottes verbinden sich in diesem Moment mit den einzelnen Feiernden.

Die Geste des Gebens und Empfangens verdeutlicht also zeichenhaft einen inhaltlichen Aspekt des Abendmahls, ähnlich wie oben beschrieben die Geste des Brotbrechens. Aber ob gegeben oder genommen: Die Wirkung oder «Gültigkeit» der Feier hängt nicht davon ab.

Spendeworte
Dass Brot und Wein mit einem Spendewort überreicht werden, ist – wie oben geschildert – in vielen, aber nicht allen Gemeinden üblich. Verschiedene Formulierungen sind möglich:
- Brot des Lebens, für dich – Becher der Gemeinschaft (Taschenliturgie 2011)
- Brot des Lebens – Kelch des Friedens / des Heils / der Gemeinschaft
- Dir zur Kraft – dir zum Leben
- Traditionell: Christi Leib für dich gebrochen – Christi Blut für dich vergossen

Weitere Spendeworte sind in der Aufstellung im Anhang (S. 170–171) zu finden.

Manche Gemeinden verzichten ganz auf Spendeworte mit dem Argument, dass die Feier des Abendmahls an sich, das Empfangen und Essen/Trinken von Brot und Wein, nicht noch der verbalen Verstärkung benötigen, sondern aus sich heraus ihre Wirkung entfalten. Jedes Spendewort legt zudem die Bedeutung der Elemente in einer bestimmten Weise aus. Gleichzeitig verdeutlichen sie die Gabe des Abendmahls generell und für die Einzelnen (siehe den vorigen Abschnitt). Die Verwendung des Zusatzes «für dich» verstärkt diesen individuellen Zuspruch.

Musik während der Austeilung
Während der Austeilung können die Feiernden entweder singen (bspw. einfache Taizélieder) oder der Kirchenmusiker, die Kirchenmusikerin gestaltet die Austeilung musikalisch. Die Wahl des Stückes beeinflusst dabei die Atmosphäre entscheidend mit. Nicht immer muss die Musik meditativ oder getragen sein. Hat das Abendmahl als Ganzes einen fröhlich-festlichen Charakter, kann und soll sich dies auch in der Musik widerspiegeln.

Weitere Informationen zu «Musik und Lieder im Abendmahl» finden sich in der folgenden Einführung (S. 25 ff.).

Einführung: Musik und Lieder im Abendmahl

Das Abendmahl wird lebendiger, gemeinschaftlicher und erlebbarer, wenn viel gesungen wird. Denn anders als bei Texten und Gebeten, die ausschliesslich im Hören mitvollzogen werden, ermöglichen Lieder eine stärkere innere Beteiligung. Im körperlichen Prozess des Singens erfahren Menschen die Resonanz der eigenen Gefühlswelt und verbinden sich im Klang mit den Mitfeiernden im Raum. Im Abendmahl geschieht dies singend in der gemeinschaftlichen Anbetung und in den Bitten um Gemeinschaft, Verwandlung und Stärkung. Das Singen ist somit kein Nebenschauplatz zwischen gesprochenen Gebeten, sondern ermöglicht es den Feiernden, sich selbst aktiv am Gottesdienst zu beteiligen.

Zu den Liedern in dieser Publikation
Ein Fokus wird daher auf die Auswahl der Lieder für die zwölf hier publizierten Abendmahlsliturgien gelegt. Die Arbeitsgruppe «Musik & Lieder» nahm sich die Freiheit, das Repertoire über das Reformierte Gesangbuch und das Rise Up plus hinaus zu erweitern. Alle zusätzlichen Lieder (siehe Auflistung, Lied 1–35, S. 27–28 und S. 105–106) finden sich als Liedsatz in dieser Publikation, inklusive QR-Code, der zu Youtube-Aufnahmen leitet.

Der St. Galler Beauftragte für populäre Musik Andreas Hausammann und der Uzwiler Komponist Roman Bislin texteten und komponierten acht kurze Gemeindelieder zu den liturgischen Schritten des reformierten Abendmahls (Lied 1–8, S. 108–115). Mit ihnen kann die Gottesdienstgemeinde an der Abendmahlsliturgie partizipieren und damit mehr Teil davon werden, als sie es üblicherweise im reformierten Gottesdienst ist. Die Lieder sind kurz und eingängig komponiert, mit einfachen Worten, die ein unmittelbares Mitsingen ermöglichen. Im Singen spüren die Feiernden: Ich persönlich bin eingeladen. Und als Teil der Gemeinde kann ich selbst antworten: «Gott, mir chömed gern zu dir an Tisch».

Die Liturgie «Singend feiern» ist ein Vorschlag, wie die acht Gesänge im Ablauf des Abendmahls platziert werden können. Natürlich ist es nicht notwendig, in jeder Feier alle acht Lieder zu singen. Je nach Anlass und Anspruchsgruppe kann eine entsprechende Auswahl vorgenommen werden.

Die Gemeinde nimmt singend nicht nur teil am liturgischen Geschehen. Sie kann es sogar selbst übernehmen, was dann heisst, dass ein Lied einen Wortteil der Liturgie ersetzt.

So bildet in der Liturgie «Ich laden oi ii» das gleichnamige Lied von Andrew Bond die Hinführung zum Abendmahl (Lied 23). In klassischen Gottesdiensten können Lieder wie z. B. RG 15 «Der Herr ist mein getreuer Hirt» (v. a. Strophe 4) als Hinführung und Einladung gesungen werden. In der Liturgie «Ich laden oi ii» wird auch der Friedensgruss mit RG 336 «Fride wünsch ich diir» singend vollzogen. Mit RG 318 «Seht das Brot, das wir hier teilen» antwortet die Gemeinde nicht nur auf die Einsetzungsworte. Das Lied kann diese ganz übernehmen. Ein Beispiel dafür findet sich in der Liturgie «Teilt Leben in Fülle». Für den singenden Vollzug des Dankgebets gibt es viele Möglichkeiten. Ein Beispiel gibt Liturgie «Zerrissen und zusammengefügt», wo die Gemeinde als Dankgebet das Lied «Wir loben dich» (Lied 2) singt. Es gibt viele weitere Möglichkeiten, Lieder als liturgische Teile einzusetzen. Wir machen Mut, diesbezüglich im grossen Schatz von Gesängen auf Entdeckungsreise zu gehen. Eine zusätzliche Hilfe dafür finden Sie in der Liederliste im Anhang (S. 166–169), welche Pfr. Dietrich Jäger erstellt hat.

Verzeichnis der Lieder in den Abendmahlsliturgien

Die 35 Lieder werden in den folgenden zwölf Abendmahlsliturgien verwendet. Sie finden sich zudem als Liedsätze im Anhang (S. 108–162) und ergänzen Abendmahlslieder aus dem Reformierten Gesangbuch (RG) und dem Rise Up plus (RUpl). Acht neue Gemeindelieder zum Abendmahl (Lied 1–8) sind extra für dieses Buch getextet und komponiert worden.

Lied Nr.	Titel	Liturgischer Ort / Thema
Lied 1	Gott, wir kommen / Gott, mir chömed	Hinführung
Lied 2	Wir loben dich / Mir lobed dich	Sanctus
Lied 3	Jesus, wir erinnern uns / Jesus, mir sind still	Anamnese
Lied 4	Sei willkommen / Sig willkomme	Epiklese
Lied 5	Wir teilen Brot und Wein / Mir teiled Brot und Wii	Einsetzung
Lied 6	Amen, Unser Vater / Amen, Üsen Vater	Unser Vater
Lied 7	Du bist für uns / Du bisch für üs	Austeilung
Lied 8	Amen. Halleluja	Dank / Doxologie
Lied 9	Am Abend der Welt	Schuldbekenntnis, Vertrauen
Lied 10	Barmherziger Gott	Schuldbekenntnis, Vergebung
Lied 11	Brot, das uns stärkt	Hinführung / Einsetzung, dreistimmiger Kanon
Lied 12	Brot des Lebens	Sanctus / Einsetzung
Lied 13	Chömed vo färn und nöch	Hinführung / Sanctus
Lied 14	Christus, Antlitz Gottes	Friedensgruss / Agnus Dei
Lied 15	Danke für alles, was du gibst, Herr	Sanctus
Lied 16	Der Tisch der Armen	Hinführung
Lied 17	Die Wüste vor Augen	Schuldbekenntnis / Fürbitte / Sendung
Lied 18	Du bist bei uns im Wein	Anamnese / Einsetzung

Lied Nr.	Titel	Liturgischer Ort / Thema
Lied 19	Du, der den stummgeschlagnen Mund versteht	Schuldbekenntnis / Hinführung / Fürbitte / Sendung
Lied 20	Gott sei Dank	Eingang / Sanctus
Lied 21	Heilig, heilig, heilig	Sanctus
Lied 22	Ich bin das Brot, lade euch ein	Schuldbekenntnis / Einsetzung
Lied 23	Ich laden oi ii	Hinführung / Einsetzung / Austeilung
Lied 24	Ich wott dir danke	Hinführung / Sanctus / Dank
Lied 25	Komm, Geist des Lebens	Epiklese
Lied 26	Komm, Heil'ger Geist, mit deiner Kraft	Eingang / Epiklese
Lied 27	Lebensgrund	Glaubensbekenntnis
Lied 28	Liebeszeichen, Lebenskraft	Einsetzung
Lied 29	Regenbogen	Eingang / Schuldbekenntnis
Lied 30	Sy Säge begleitet mi	Sendung / Segen
Lied 31	Wir kommen zusammen	Hinführung / Sanctus
Lied 32	Wo zwei oder drei	Eingang / Hinführung / Einsetzung
Lied 33	Wohin sonst	Eingang / Hinführung
Lied 34	Wunderbarer Hirt	Hinführung / Sanctus
Lied 35	Zum neue Läbe erweckt	Sanctus / Dank

Ausgewählte Beispiele von Abendmahlsliturgien

Abkürzungen
L: Liturg:in (bei mehreren Liturg:innen: L 1, L 2 ...)
A: alle
G: Gruppe (bei mehreren Gruppen: G 1, G 2 ...)
RUpl: Rise Up plus
RG: Reformiertes Gesangbuch

Die zwölf Abendmahlsliturgien zum Downloaden

Erwachsene, mit thematischem Schwerpunkt

Singend feiern:
Liturgie mit den acht neu komponierten Gemeindeliedern
zum Abendmahl

Zielgruppe	Erwachsene
Wann	Nicht an Kirchenjahr gebunden
Form	Abendmahlsteil
Beteiligung	Die Gemeinde wird mit dem Singen der Lieder, welche liturgische Elemente vertonen, stark beteiligt.
Besonderes	Zwei Liturginnen oder Liturgen
Material	Liederblatt mit den Gemeindeliedern
Quelle	Pfr. Carl Boetschi, St. Gallen

* * *

Hinführung

Lied 1 Gott, mir chömed

L 1: Jesus Christus lädt uns ein an seinen Tisch:
L 2: Zum Fest der Erinnerung an Gottes Wege mit uns.
L 1: Zum Fest der Gemeinschaft untereinander und mit Gott.
L 2: Zum Fest der Hoffnung
auf einen neuen Himmel und eine neue Erde.

L 1: Wir kommen mit leeren Händen.
Du gibst uns, was wir brauchen.
Wir haben Hunger und Durst.
Du deckst den Tisch und schenkst uns voll ein.
Wir sind schwach.
Du stärkst uns mit der Kraft deines Geistes.

Sanctus / Lobpreis

Lied 2 Mir lobed dich

L 1: Wir glauben dich, Gott, du bist Ursprung und Ziel,
unser Trost und unsere Hilfe. Du allein bist heilig.
Du führst zusammen, was getrennt ist.

L 2: Wir glauben dich, Jesus Christus, du bist gekommen als Wegweiser,
du hast alle Grenzen überwunden, bist Leben für alle.
Du bist da, wenn es Zeit ist für eine andere Welt.

Lied 4 Sig willkomme

L 1: Wir glauben dich, du Geist des Lebens,
du füllst unsere Herzen mit Trost und Zuversicht.
Du führst uns zusammen und verbindest uns mit Gott.

L 2: Grosser Gott,
mit der ganzen Schöpfung loben wir dich.
Dein Heil und deine Heiligkeit füllen Himmel und Erde.

Epiklese

L 1: Und so bitten wir dich: Sende deinen Geist.
Sende dein Licht und deine Wahrheit
in diese Welt und unsere Herzen.
Erneuere uns und segne diese Gaben.
Amen.

Ausgewählte Beispiele von Abendmahlsliturgien

Einsetzungsworte

Von allen Feiernden gesprochen (ab Beamerprojektion oder Liederblatt)

A: Als Jesus zum letzten Mahl vor seinem Tod
mit seinen Nächsten zusammensass,
nahm er Brot,
dankte Gott dafür,
brach es und sprach:
«Nehmt und esst.
Das bin ich – für euch.»

Dann nahm er den Kelch,
dankte Gott dafür und sprach:
«Nehmt und trinkt.
Das ist das Zeichen neuer Gemeinschaft
zwischen Gott und euch.
Wenn ihr zusammen esst und trinkt,
so erinnert euch an mich.
Dann bin ich mitten unter euch.»

(in Anlehnung an die Taschenliturgie, S. 45)

Lied 3 Jesus, mir sind still

Unser Vater

A: Unser Vater im Himmel

Lied 6 Amen, Üsen Vater

Friedensgruss und Einladung

L 1: Gott ruft uns an den Tisch. Sein Friede kehrt ein.

L 2: Darum geben wir einander ein Zeichen des Friedens.

Erwachsene, mit thematischem Schwerpunkt 33

Je nach lokaler Gegebenheit werden die Feiernden ermuntert, einander den Frieden mit Worten («Friede sei mit dir», «Schalom») und einer Geste (Handschlag) zuzusprechen.

Lied 5 Mir teiled Brot und Wii

L 1: Alles ist bereit.
 Kommt!
 Schmeckt und seht, wie freundlich Gott ist.

Austeilung

Während der Austeilung des Abendmahls wird gesungen.

Lied 7 Du bisch für üs

Nach der Austeilung an die Gemeinde wird das Abendmahl an die Helfenden / Liturg:innen ausgeteilt.

Dankgebet / Doxologie

L 1: Lobe den Herrn, meine Seele,
 und alles, was in mir ist, seinen heiligen Namen.

L 2: Lobe den Herrn, meine Seele,
 und vergiss nicht, was er dir Gutes getan hat.

Lied 35 Zum neue Läbe erweckt

L 1: Aus den Körnern des Feldes ist das Brot des Lebens geworden.
L 2: Aus dem Saft der Trauben der Becher der Gemeinschaft.
L 1: Wandle auch uns, Gott, dass wir Frucht bringen.
L 2: Wandle uns, dass wir deinen Frieden in die Welt tragen.

Lied 8 Amen. Halleluja

Sendung und Segen

L 1: Geht in der Kraft, die euch gegeben ist:
       einfach, leichtfüssig, zart.
       Haltet Ausschau nach der Liebe.
       Gottes Geist geleite euch.

       (Ökumenische Versammlung von Canberra 1991, RG 331)

L 2: So segne euch der lebendige Gott.
       Er lasse sein Angesicht über euch leuchten und sei euch gnädig.
       Er erhebe sein Angesicht auf euch und gebe euch Frieden.

Lied 30 Sy Säge begleitet mi

Teilt Leben in Fülle:
Abendmahlsfeier zur Geschichte vom grossen Gastmahl (Lk 14,12–24)

Zielgruppe	Erwachsene
Wann	Nicht an das Kirchenjahr gebunden
Form	Abendmahlsteil
Beteiligung	Zwei Liturginnen oder Liturgen, geringer Aktivierungsgrad der Gemeinde (Singen der Lieder)
Besonderes	Festlicher und freudiger Charakter des Abendmahls kommt zum Tragen
Material	Reformiertes Gesangbuch (RG); es empfiehlt sich ein festlich gedeckter Tisch (z. B. mit vielen verschiedenen Kelchen, schön geformte Brote ...)
Quelle	Pfrn. Aline Kellenberger, Luzern

* * *

Hinführung

L 1: «[...] und dränge sie (d. h. die Leute) hereinzukommen,
damit mein Haus voll wird!» (Lk 14,23)
Die Einladung steht. Die Einladung zum Fest.
Zum Fest hier und heute
und zum himmlischen Fest jenseits der Zeit.

L 2: Die Einladung steht.
Wir sind nicht die Ersten, die eingeladen sind, und nicht die Letzten.
Das gemeinsame Essen und Trinken verbindet uns
mit Gott und untereinander
und mit allen, die vor uns gefeiert haben
und nach uns feiern werden.

L 1: Die Einladung steht.
Wir sind willkommen, so wie wir sind. Alle.
Ob kraftlos oder im Saft,
ob stark oder schwach,
ob aufrecht oder gekrümmt.

L 2: Wir sind eingeladen.
Eingeladen, uns zu stärken.
Eingeladen, uns zu erfrischen.
Eingeladen zum Leben in Fülle.

Loblied 1 (Auswahl)

RG 53,4 Singet dem Herrn ein neues Lied
RG 663 Unser Leben sei ein Fest
RUpl 052 Eingeladen zum Fest des Glaubens
Lied 1 Gott, mir chömed
Lied 13 Chömed vo färn und nöch
Lied 20 Gott sei Dank

Anamnetisches Gebet

L 1: Hab Dank, Gott, für die Einladung.
Hab Dank für Brot und Wein,
die unsere Hoffnung wachhalten,
unsere Gemeinschaft stärken,
unsere Sehnsucht nähren.

L 2: Wir begegnen darin Christus, deinem Sohn,
der Hungrigen zu essen gab,
sich mit Armen und Kranken an einen Tisch setzte
und nicht müde wurde, von deiner Liebe zu erzählen,
die selbst den Tod überwindet.
Hab Dank, Gott, dass wir deine Gäste sein dürfen.
Amen.

Erwachsene, mit thematischem Schwerpunkt   37

Loblied 2 (Auswahl)

RG 93 Danket, danket dem Herrn
RG 248 Danket dem Herrn!
Lied 2 Wir loben dich
Lied 15 Danke für alles, was du gibst, Herr

Einsetzungsworte gesungen

L 1: Gemeinsam erinnern wir uns nun,
 wie Jesus mit seinen Freunden das Abendmahl feierte,
 mit den Worten des Lieds: Seht das Brot, das wir hier teilen.
 Dazu stehen wir auf.

RG 318,1–6 Seht, das Brot, das wir hier teilen (*stehend*)

Epiklese

L 2: Sende deine heilige Geistkraft.
 Stärke uns durch deine Gaben.
 Ermutige uns zum Leben.

Unser Vater

Die Feiernden beten gemeinsam das Unser Vater und singen zum Abschluss:

Lied 6 Amen, Üsen Vater

Einladung

L1: Gott lässt bitten!
 Er lädt zum Fest!
 Kommt alle!

L 2:   Nehmt und esst!
        Nehmt und trinkt!

L 1:   Nehmt und teilt!
        Nehmt und lasst es euch schmecken!

L 1 zu L 2:   Dir zur Freude!
L 2 zu L 1:   Dir zum Segen!
L 1 und L2:   Uns allen zum Leben – lechaim!

Antwortlied (Auswahl)

Die Feiernden wiederholen singend einen Teil eines Lieds oder ein ganzes Lied:

RG 663,2 Unser Leben sei ein Fest
RG 335 Shalom chaverim («Dir zum Frieden» aufnehmend)
RG 217 Die Freude an Gott

Austeilung

Austeilung des Abendmahls zu festlicher Musik. Die Feiernden versammeln sich um den Tisch. Die Liturg:innen reichen ihnen die Gaben mit dem Ruf: «lechaim». Die Feiernden nehmen den Ruf auf und geben einander damit das Brot und die Kelche weiter.

Danklied (Auswahl)

RG 93 Danket, danket dem Herrn
RUpl 212 We Give You Thanks / Dank sei dir, Gott
Lied 2 Wir loben dich
Lied 15 Danke für alles, was du gibst, Herr
Lied 24 Ich wott dir danke

Gestärkt in die neue Woche:
Liturgie für Werktage

Zielgruppe	Erwachsene
Wann	Nicht an das Kirchenjahr gebunden; werktags, je nach Tageszeit sind die Lieder anzupassen
Form	Eine Liturgie für die Feier des Abendmahls im Alltag
Besonderes	Hoher Beteiligungsgrad der Gemeinde; die Leitung kann gut einer Person aus dem Kreis der Feiernden übertragen werden
Material	3 Kerzen, Zündhölzer
Quelle	Pfrn. Aline Kellenberger, Luzern

* * *

Eingangsmusik oder Lied (Auswahl)

RG 533 Morning has broken
RG 50 Am Morgen will ich singen
RG 53 Singet dem Herrn ein neues Lied

Grusswort und Gebet (mit Anzünden von drei Kerzen)

L: Wir feiern Abendmahl im Namen Gottes –
A: von ihm kommt alles, und zu ihm geht alles zurück.

1. Kerze wird angezündet.

L: Im Namen Jesu Christi –
A: in ihm kommt Gott uns nahe.

2. Kerze wird angezündet.

L: Im Namen der heiligen Geistkraft –
A: von ihr kommt Trost und Kraft.

3. Kerze wird angezündet.

A: Amen.

A: Wohl dem, dessen Hilfe der Gott Jakobs ist,
der seine Hoffnung auf den HERRN setzt, seinen Gott,
der Himmel und Erde gemacht hat
und das Meer und alles, was in ihnen ist,
der Treue bewahrt auf ewig,
der Recht schafft den Unterdrückten,
der den Hungrigen Brot gibt.

(Ps 146,5–7)

Lied (Auswahl)

RG 76 Wohl denen, die da wandeln
RG 96 Dir, Gott, ist nichts verborgen

Gebet

L: Wir erheben uns zum Gebet.

L wartet, bis alle aufgestanden sind und Ruhe einkehrt; das Gebet langsam und ruhig sprechen; die Stille aushalten.

L: Lasst uns beten:

Vor dich, Gott, bringen wir,
was uns bedrückt und bedrängt,
was wir gerne tun würden und es doch nicht tun,
wie wir gerne wären und es doch nicht sind.
In der Stille bekennen wir vor dir,
wo wir gescheitert sind:

Stille

Gebet

L: Kommt her zu mir, alle, die ihr mühselig und beladen seid;
    ich will euch erquicken.

    (nach Mt 11,28)

   Gott, wir nehmen dich beim Wort.
   Nimm von uns, was uns belastet.
   Richte uns auf.
   Mache uns frei.

Die Feiernden setzen sich.

Lied (Auswahl)

RG 707 Bei Gott bin ich geborgen (*dreimal singen*)
RG 865 Herr, mach uns stark im Mut

Lesung oder Gedankenanstoss

L liest den Tagestext und / oder einen Gedankenanstoss / eine Betrachtung

Stille oder Zwischenspiel oder Lied

RG 320,1–3 Dank sei dir, Vater, für das ewge Leben

Hinführung zum Abendmahl

L: Vor uns ein Tisch
gedeckt mit Brot und Traubensaft –
Gottes Gaben.

Wir essen nicht nur Brot,
trinken nicht nur Traubensaft.
Durch sie wirkt Gott in uns:

Gottes Kraft in unserer Schwäche.
Gottes Trost in unserer Traurigkeit.
Gottes Klarheit in unseren Zweifeln.
Gottes Hoffnung in unseren Ängsten.
Gottes Licht in unseren Dunkelheiten.

L: Gott, wir kommen mit offenen Händen.
A: Du gibst uns, was wir brauchen.
L: Wir sind müde.
A: Du gibst uns Kraft.
L: Du lädst uns an deinen Tisch.
A: Wir sind deine Gäste.
L: Mit der ganzen Schöpfung loben wir dich:

Loblied (Auswahl)

RG 241 Halleluja (*dreimal singen*)
RG 305 Heilig ist Gott in Herrlichkeit

Einsetzungsworte

L: Als Jesus mit seinen Nächsten zusammensass,
nahm er Brot,
dankte Gott dafür, teilte es und sagte:
Das bin ich, von Gott gegeben für euch.
Dann nahm er den Becher,
dankte Gott dafür und sagte:
Das ist das Zeichen neuer Gemeinschaft zwischen Gott und euch.
Wenn ihr zusammen esst und trinkt,
so erinnert euch an mich.

(Taschenliturgie 2011, S. 45)

L: Lasst uns feiern in Erinnerung an ihn.
Er hat gesagt: Ich bin das Brot des Lebens.
Ich bin der wahre Weinstock.

Lied (fakultativ)
RG 97 Aller Augen warten auf dich, Herre

Unser Vater

L: Ich bitte Sie / euch, nach vorne zukommen und einen Kreis zu bilden um den Abendmahlstisch. Das Liturgieblatt und das Gesangbuch braucht ihr / brauchen Sie nicht mitzunehmen.

Die Feiernden kommen nach vorne und bilden einen Kreis um den Abendmahlstisch.

L: Wir beten gemeinsam das Unser Vater.

A: Unser Vater

Epiklese

L: Gott, sende deine Geistkraft.
Wandle und stärke uns.

Einladung und Austeilung mit Lied

L lädt alle zum Abendmahl ein.
Während der Austeilung des Abendmahls singen die Feiernden (nochmals):
RG 707 Bei Gott bin ich geborgen.

Dankgebet

L: Danke, Gott,
für Brot und Wein,
für die Zeichen deiner Nähe,
für die erlebte Gemeinschaft.
Danke, dass wir deine Menschen sind,
von dir genährt, gestärkt, geliebt.
Amen.

(Taschenliturgie, S. 56)

Die Feiernden gehen wieder auf ihre Plätze.

Danklied (fakultativ, Auswahl)

RG 59,1 Nun lob, mein Seel, den Herren
RG 60 Nun lob, mein Seel, den Herren (Kanon)

Segen und Sendung

L: Der HERR segne uns und behüte uns.
Der HERR lasse sein Angesicht leuchten über uns
und sei uns gnädig.
Der HERR erhebe sein Angesicht auf uns
und gebe uns Frieden.

(Num 6,24–26/RG 328)

Ausgangsspiel oder Lied

RG 320,4–6 Dank sei dir, Vater, für das ewge Leben (*vgl. Lied nach Lesung*)

Ausgewählte Beispiele von Abendmahlsliturgien

Suchen und finden, hören und schmecken:
Liturgie mit Bekenntnis

Zielgruppe	Erwachsene
Wann	Nicht an das Kirchenjahr gebunden
Form	Abendmahlsteil
Beteiligung	Zwei Liturginnen oder Liturgen, hoher Aktivierungsgrad der Gemeinde
Besonderes	Anspruchsvoller Sprachduktus
Material	Liturgieblatt für die Feiernden oder Beamerprojektion
Quelle	Kirchentag Bremen 2009; Bearbeitung durch J. Keune, C. Boetschi

* * *

Lied

Lied 34 Wunderbarer Hirt

Eröffnung

L 1: Gott kommt zu uns.
　　　Wir sind seine Gäste.
　　　Sein Segen ist nah und will uns verwandeln.
　　　Er lädt uns an den Tisch.
　　　Wir kommen, wie wir sind.
　　　Wir suchen und finden: sichtbares Wort.
　　　Wir hören und schmecken: spürbares Wort.

L 2: Lasst uns Gott loben.

Loblied

Lied 2 Wir loben dich

Bekenntnis des Glaubens

L 2: Ich glaube dich, Gott, Geheimnis des Lebens,
und rufe zu dir:

A: Du Anfang und Ende.
Quelle und Grund allen Seins.
Du rufst uns zusammen, einst uns in dir.

L 2: Ich glaube dich, Jesus Christus, Freund des Lebens, und rufe zu dir:

A: Du bist gekommen.
Wort zum Begreifen.
Weisung ins Leben.

Du – geboren am Weg,
gelebt auf der Grenze,
geknickt vom Sturm,
getragen ins Morgen.

L 2: Ich glaube dich, du Geistkraft des Lebens, und rufe zu dir:

A: Du wirkst Vergebung und öffnest Fenster in die Zukunft.
Du vereinst und sammelst die Welt in dir.
Du vollendest und führst das Lebendige zur Fülle.

L 1: Darum loben wir dich und danken dir.
Du verbindest uns über alle Zeiten,
dein Segen umarmt Himmel und Erde;
mit ihnen singen wir dein Lob:

Ausgewählte Beispiele von Abendmahlsliturgien

Sanctus (Auswahl)

RG 304 Heilig ist unser Gott
RG 305 Heilig ist Gott in Herrlichkeit
RG 306 Heilig bist du, grosser Gott
RG 307 Heilig, heilig, heilig
RG 308 Heilig, heilig ist der Herr
RG 309 Sanctus, sanctus, sanctus
RUpl 080 Du, dessen Name heilig ist

Friedensgruss

L 2: Gott verkündet Frieden
seinem Volk und seinen Getreuen.
Nahe ist denen seine Hilfe, die ihn lieben.
Gnade und Treue finden zusammen,
es küssen sich Gerechtigkeit und Friede.

(Ps 85,9–11)

Geben wir einander ein Zeichen des Friedens und singen:

Lied zum Frieden (Auswahl)

RG 168 Hewenu schalom alechäm
RG 332 Verleih uns Frieden gnädiglich
RG 333 Da pacem Domine
RG 334 Dona nobis pacem
RG 335 Schalom chaverim
RG 336 Fride wünsch ich diir
RG 337 Dona nobis pacem
Lied 14 Christus, Antlitz Gottes

Einsetzungsworte

L 1: Als Jesus mit seinen Nächsten zusammensass,
nahm er Brot, dankte Gott dafür, teilte es und sagte:
Das bin ich – für euch.
Dann nahm er den Becher, dankte Gott dafür und sagte:
Das ist das Zeichen neuer Gemeinschaft zwischen Gott und euch.
Wenn ihr zusammen esst und trinkt, so erinnert euch an mich.

Epiklese

L 2: Das gibst du als Auftrag.
So sende deinen Geist und kehr bei uns ein.
So werden wir deinem Bild von uns immer ähnlicher.

Lied 4 Sei willkommen

Unser Vater

L 1: Dein Reich komme!
Dein Wille geschehe!
So beten wir:

A: Unser Vater

L 2: Lasst euch einladen.
Schmeckt und seht, wie freundlich Gott ist.

Austeilung

Die Austeilung erfolgt mit den Spendeworten:

Dir zum Leben.
Dir zur Freude.

Lied

Lied 7 Du bist für uns

Dankgebet

L 1: Gott,
du bist uns nahgekommen.
Wenn wir nun weitergehen,
so vergessen wir nicht,
dass du auch dort bist,
wo wir nicht mit dir rechnen.
Dafür danken wir dir.

L 2: Gott, wir stehen vor dir:
Nicht völlig verändert, nicht alles wissend
und dennoch verwandelt.
Wir ahnen,
dass unsere Möglichkeiten,
an einer neuen Welt mitzubauen,
grösser sind, als wir glauben.
Dafür danken wir dir.
Amen.

Erwachsene, mit thematischem Schwerpunkt 51

Neue Worte für alte Themen:
Liturgie mit dem Fokus auf Schuld und Vergebung

Zielgruppe	Erwachsene
Wann	Nicht an das Kirchenjahr gebunden
Form	Ganzer Gottesdienst
Besonderes	Versuch, Schuld und Vergebung in moderner Sprache zu thematisieren
Quelle	LGBK

* * *

Gebet vor dem Gottesdienst mit den Abendmahlshelfer:innen

L: Jesus Christus,
wir feiern heute das Abendmahl.
Wir danken dir, dass du dabei mitten unter uns bist
und uns durch deine Liebe und Vergebung miteinander verbindest.
Und wir bitten dich:
Segne du unseren Dienst
und gib, dass diese Feier Menschen Mut und Kraft verleiht,
dir im Alltag nachzufolgen auf deinem Weg der Versöhnung.
Amen.

Oder ein Lied (Auswahl)

RG 704 Meine Hoffnung und meine Freude
RG 810 Leit uns in allen Dingen

SAMMLUNG

Musik zur Eröffnung (ernst, getragen)

Evtl. Einzug der Abendmahlshelferinnen und -helfer mit Brot und Wein während der Musik.

Grusswort

L: Wir sind zusammen
im Namen des Schöpfers, der uns treu ist,
im Namen Jesu Christi, der uns die Schuld nimmt,
im Namen der Heiligen Geistkraft, die uns versöhnt.

Eingangswort

L: So spricht die Ewige:
Ich kenne die Gedanken, die ich über euch denke,
Gedanken des Friedens und nicht zum Unheil.

(Jer 29,11a)

Lied

RG 849 Ich will euch Zukunft geben und Hoffnung (Jer 29,11b)

Alternativ kann der zweite Versteil auch nur gelesen werden:

Ich kenne die Gedanken, die ich über euch denke,
Gedanken des Friedens und nicht zum Unheil,
um euch eine Zukunft zu geben und Hoffnung.
Amen.

Begrüssung

Eingangslied (Auswahl)

RG 20 Ich erhebe mein Gemüte
RG 38 Meine Seel ist still zu Gott
RG 27 O Höchster, deine Gütigkeit
RG 159 Liebster Jesu, wir sind hier
RG 169 Jésus le Christ
RG 660 Jesus nimmt die Sünder an
RG 696 Gott wohnt in einem Lichte

Lied 20 Gott sei Dank
Lied 29 Regenbogen

ANBETUNG

Schuldbekenntnis

L: Gott, du bist der Grund unseres Lebens.
    Doch wenn wir ehrlich sind,
    erkennen wir, wie oft wir dich in unserem Alltag verraten.
    Mit unserer Gier und Masslosigkeit
    säen wir Unrecht und zerstören deine Schöpfung.

Liedruf (Auswahl) und Gebet

RG 193–200 Kyrie eleison
RUpl 060 Meine engen Grenzen
Lied 17 Die Wüste vor Augen
Lied 22 Ich bin das Brot, lade euch ein

L: Jesus Christus, du bist der Weg zur Wahrheit.
    Doch wenn wir ehrlich sind,
    erkennen wir, wie oft wir uns abwenden.
    Statt dir nachzufolgen,
    kreisen wir gleichgültig und hartherzig um uns selbst.

A: Liedruf

L: Heilige Geistkraft, du bist der Atem der Hoffnung.
    Doch wenn wir ehrlich sind,
    erkennen wir, wie oft wir uns dir verschliessen.
    Wir ersticken dein Wirken mit unserer Sorge
    und verlieren uns in geistloser Routine.

A: Liedruf

Gnadenzuspruch und Lied

L: So spricht die Ewige:
Ich kenne die Gedanken, die ich über euch denke,
Gedanken des Friedens und nicht zum Unheil.
Jer 29,11a

Hier kann analog zum Eingangswort nochmals das Lied RG 849 angestimmt werden, um es anschliessend – unter Anleitung des/der Kirchenmusiker:in – im Kanon zu singen. Alternativ wird nochmals der ganze Vers Jer 29,11 gelesen (siehe Eingangswort), mit folgendem möglichen Gemeindelied:

Lied (Auswahl)

RG 704 Meine Hoffnung und meine Freude
RG 832 Manchmal kennen wir Gottes Willen
Lied 33 Wohin sonst

VERKÜNDIGUNG UND BEKENNTNIS

Schriftlesung (Auswahl)

Ps 146 Gelobt sei Gott, der dem Hungrigen Brot gibt
Dtn 32 Das Lied des Mose
Jes 55,1–3.6–12 Brot, das wirklich sättigt
Jes 58,1–8 Wahres Fasten
Mt 16,5–12 Das Unverständnis der Jünger
Mt 26,26–29 Einsetzung des Abendmahls
Mk 2,1–12 Die Heilung des Gelähmten
Lk 15,11–32 Die verlorenen Söhne
Lk 24,13–35 Emmausgeschichte
Joh 6,27–35 Jesus, das Brot des Lebens
Joh 21,(1–12)13–19 Erneuerung der Berufung von Petrus
Apg 20,7–12 Auferweckung des Eutychus in Troas
1Kor 11,17–34 Die Feier des Abendmahls

Erwachsene, mit thematischem Schwerpunkt   55

Lied zur Lesung (Auswahl)

RG 1 Hoch hebt den Herrn mein Herz und meine Seele
RG 98 Du meine Seele singe
RG 213 Ich steh vor dir mit leeren Händen, Herr
RG 215 Herr, wir warten arm und hungrig
RG 281 Du bist der Weg, auf dem wir schreiten
RG 535 Meinem Gott gehört die Welt
RG 660 Jesus nimmt die Sünder an
RG 664 Nobody knows the trouble I've seen
RG 795 Sonne der Gerechtigkeit

Predigt

Musik zur Predigt

Glaubensbekenntnis (Auswahl)

fakultativ gelesen:

RG 263 Das Apostolische Glaubensbekenntnis
RG 266 Glaubensbekenntnis (Jörg Zink und Rainer Röhricht 1969)
RG 267 Glaubensbekenntnis (Markus Jenny 1983)

oder gesungen:

RG 268 Wir glauben an Gott Vater
RG 271 Ich glaube: Gott ist Herr der Welt
RG 279 Gott liebt diese Welt
Lied 27 Lebensgrund

FÜRBITTE

Bittruf gesungen (Auswahl)

RG 813 Ubi caritas
RG 818 Wo Güte ist und Liebe

L: Vater vergib ihnen!
Denn sie wissen nicht, was sie tun.
So betest du, Jesus Christus, noch am Kreuz für deine Feinde.

Die Vergebung durchbricht die Wand des Todes.
So bitten wir dich für die Menschen,
die nicht vergeben können,
weil sie verletzt und enttäuscht wurden.
Lass du sie Versöhnung erfahren
und uns selbst Anteil nehmen und für sie einstehen.

A: Bittruf

L: Für die Menschen,
die nicht hoffen können,
weil sie unter Unrecht und Gewalt leiden:
Lass du sie Gerechtigkeit erfahren
und uns selbst wach sein und für die Schwachen eintreten.

A: Bittruf

L: Für deine Geschöpfe,
die nicht würdig leben können,
weil sie ausgebeutet und mit Füssen getreten werden.
Lass du sie Güte erfahren
und uns selbst behutsam sein und dem Leben Sorge tragen.

A: Bittruf

Erwachsene, mit thematischem Schwerpunkt 57

Abkündigung (eventuell)

L: In der vergangenen Woche haben wir dir N. N. in die Hände gelegt.
Wir vertrauen darauf, dass N. N. jetzt in deiner Fülle und Freude lebt.
Ihren / Seinen Lieben schenke
Kraft, Mut und Hoffnung für ihren Weg der Trauer.

A: Bittruf

L: Vater, in deine Hände lege ich meinen Geist,
so betest du, Jesus Christus, im Augenblick deines Todes.
Mit dir sind wir gewiss:
Nichts kann uns aus den Händen deines Vaters reissen.
Amen.

Lied (Auswahl)

RG 259 Licht, das in die Welt gekommen
RG 701 Wir sind dein Eigentum
RG 824 Herr, lass deine Wahrheit uns vor Augen stehn

ABENDMAHL

Zurüstung mit Musik

L deckt den Abendmahlstisch, evtl. mit Beteiligung der Abendmahlhelferinnen und -helfer, ohne Worte, mit Musik.

Hinführung und Einladung (drei Varianten)

Variante 1:
L: Gott lädt uns zum Abendmahl ein.
　　 Wir haben Hunger nach Liebe und Anerkennung.
　　 In Christus reicht Gott uns das Brot des Lebens.
　　 Wir haben Durst nach Vergebung und Versöhnung.
　　 In Christus reicht Gott uns den Kelch des Friedens.
　　 Wir sind zu Gast bei Gott, so, wie wir sind:
　　 mit unserer Not und unserer Freude,
　　 mit unserer Sehnsucht und unserer Bedürftigkeit.

Variante 2:
L: Gott lädt uns zum Abendmahl ein.
　　 In Christus reicht er uns das Brot des Lebens.
　　 Es macht Hunger nach mehr,
　　 nach Liebe und Güte,
　　 die wir empfangen und teilen.
　　 In Christus reicht Gott uns den Kelch des Friedens.
　　 Er macht Durst nach mehr,
　　 nach Versöhnung und Vergebung,
　　 die wir empfangen und teilen.

Variante 3:
L: Gott hat Hunger nach unserer Gemeinschaft.
　　 So reicht er uns in Christus das Brot des Lebens.
　　 Wenn wir davon essen,
　　 spüren wir Gottes Güte
　　 und sind ihm und einander nahe.
　　 Gott hat Durst nach unserer Vergebung.
　　 So reicht er uns in Christus den Kelch.
　　 Wenn wir daraus trinken,
　　 spüren wir Gottes Frieden
　　 und sind ihm und einander verbunden.

Lobpreis

L: Mit der ganzen Schöpfung stimmen wir ein in den grossen Lobpreis:

Lied (Auswahl)

RG 304–309, RG 162,2, RG 247,2 Sanctus / Heilig
RUpl 083 Heilig – der allmächtige Gott
RUpl 090 Santo, santo, santo
RUpl 080 Du, dessen Name heilig ist
Lied 12 Brot des Lebens
Lied 31 Wir kommen zusammen

Gebet und Epiklese (zwei Varianten)

Variante 1:
L: Gott, du bist Brot,
ganz, duftend, nährend,
und du bist Brot,
gebrochen, zerbrochen,
die Brocken achtlos verstreut.

Gott, du bist der Weinstock,
lebendig, du wächst und trägst Frucht
und du bist Wein,
Trauben, die zerstampft werden,
leer der Becher, die Reste verschüttet.

Gott, du bist Licht,
leuchtend, blendend,
strahlend voller Glanz
und du bist Dunkelheit,
Tiefe und Schatten, versteckt im Geheimnis.

Gott, du bist Wasser,
klar, kühl, du erfrischst unsere Trockenheit.
Und du bist unsere Tränen,
die in Vergeblichkeit,
Schmerz und Zorn geweint sind.

Gott, du bist das Wort,
das in Liebe und Wahrheit spricht,
und du bist Schweigen,
das Unausgesprochene,
das, was zwischen den Worten schwingt.

Wir bitten dich:
Sei uns gegenwärtig,
wenn wir das Brot empfangen und aus dem Kelch trinken.
Sende deinen Geist,
wenn wir tun, was Jesus uns geboten hat.

(Hanspeter Aschmann)

Variante 2:
L: Brot du,
nahrhaft und notwendig
und – gebrochen

Wein du,
vollmundig und gehaltvoll
und – verschüttet

Licht du,
wärmend und leuchtend
und – verdeckt

Wasser du,
fliessend und prickelnd
und – vergossen

Wort du,
weise und wahr
und – verborgen

Lege deine Geistkraft
auf die Gaben und uns,
dass alles erzähle
von deiner Gegenwart.

(nach Jacqueline Keune)

Einsetzungsworte (zwei Varianten)

Variante 1: Traditionell
L: In der Nacht vor seinem Tod
und am Abend nach seiner Auferstehung
nahm Jesus das Brot, sprach das Dankgebet darüber,
brach es und sagte:
Nehmt und esst!
Das ist mein Leib für euch,
das tut zu meinem Gedächtnis.

Dann nahm er den Kelch und sagte:
Dieser Kelch ist der neue Bund in meinem Blut,
das für euch vergossen wird
zur Vergebung der Sünden.
Das tut, sooft ihr daraus trinkt,
zu meinem Gedächtnis.

Variante 2: Freie Übertragung
L: Am letzten Abend,
den Jesus mit den Menschen verbrachte,
die ihm nahe waren wie Geschwister,
nahm er Brot.

Er dankte Gott dafür,
brach es entzwei und sagte:
Nehmt und esst.
Das bin ich – Brot für euch.
Es stillt euren Hunger
und schenkt euch das Leben

Dann nahm er den Kelch und sagte:
Nehmt und trinkt.
Das bin ich – Liebe für euch,
sie stillt euren Durst
und schenkt euch den Frieden

Wenn wir dieses Brot teilen und aus diesem Kelch trinken,
dann erinnern wir uns an das Zeugnis des Bruders:
an sein freies Leben,
an sein angenommenes Sterben,
an seine Auferstehung –
den letzten Grund unserer Hoffnung.
Wenn wir dieses Brot teilen und aus diesem Kelch trinken,
dann empfangen wir einen Vorgeschmack dessen,
was uns unser Bruder verheisst:
Das Reich Gottes,
der neue Himmel und die neue Erde,
das Land, wo Friede und Gerechtigkeit sich küssen.

Unser Vater

Friedensgruss

L: Jesus spricht: Frieden lasse ich euch zurück,
meinen Frieden gebe ich euch.

(Joh 14,27)

Schenken wir einander ein Zeichen dieses Friedens.
Geben wir einander die Hand und sagen:
Friede sei mit dir! Oder: Schalom!

Erwachsene, mit thematischem Schwerpunkt 63

Lied (Auswahl)

RG 314 Christe, du Lamm Gottes
RUpl 002 Da berühren sich Himmel und Erde
RUpl 175 Lass mich dir ganz nah sein

Einladung

L: Schmeckt und seht,
 wie gütig der lebendige Gott ist.
 Wohl dem Menschen, der ihm vertraut.

(Ps 34,9)

Austeilung mit Musik

Das Abendmahl wird, evtl. mit folgenden Spendeworte, ausgeteilt:

Brot:
Das Brot des Lebens (für dich).

Kelch (drei Varianten):
Der Kelch der Vergebung (für dich)
Der Kelch der Versöhnung.
Der Kelch des Friedens.

Dankgebet (zwei Varianten)

Variante 1:
A: Lesung von Ps 103,1–5 im Wechsel mit RG 128 oder RG 129

Variante 2:
L: Du bist das Brot des Lebens.
 Bei dir finden wir Kraft für Schritte zur Gerechtigkeit.
 Du bist der Weinstock.

Bei dir finden wir Kraft für Schritte zum Frieden.
Bleibe bei uns.
Und gehe ihn mit uns,
den schönen und schweren Weg durch die Zeit. Amen.

(Jacqueline Keune)

Lied (Auswahl)
RG 342 Ach bleib mit deiner Gnade
RG 346 Bewahre uns, Gott, behüte uns, Gott
RG 631 Nun lasst uns Gott, dem Herren
RG 703 Du bist der Weg
RUpl 062 Hab Dank
Lied 9 Am Abend der Welt

SEGEN

Mitteilungen und Kollektenansage

Segen

Gott segne dich und behüte dich.
Gottes Antlitz hülle dich in Licht, und sie sei dir zugeneigt.
Gottes Antlitz wende sich dir zu, und sie schenke dir heilsame Ruhe.

(Bibel in gerechter Sprache)[1]

Musik zum Abschluss

---

[1] Dr. Ulrike Bail / Frank Crüsemann / Marlene Crüsemann (Hrsg.) (Hrsg.), Bibel in gerechter Sprache © 2006, Gütersloher Verlagshaus, Gütersloh, in der Penguin Random House Verlagsgruppe GmbH.

Kinder, Familien und Jugendliche

Ich laden oi ii:
Abendmahl mit den Kindern und Familien des 3. Klass-Unterrichts

Zielgruppe	Kinder / Religionsschülerinnen und -schüler und Familien
Wann	Gottesdienst im Rahmen des Unterrichts, nicht an das Kirchenjahr gebunden
Form	Abendmahlsteil
Beteiligung	Kinder decken den Tisch, gemeinsam gelesenes Gebet, Kinder bringen das Abendmahl ihren Eltern
Material	Liturgieblatt für die Feiernden mit Ablauf, Liedern und gemeinsam gelesenen Gebeten oder Beamerprojektion
Quelle	LGBK, ausgehend von einer Vorlage von Pfrn. Katharina Hiller, Rapperswil

* * *

Lied

Lied 23 Ich laden oi ii

Die Kinder decken den Abendmahlstisch.

Gebet

Alle Feiernden stehen auf und beten im Wechsel. Aufteilung gemäss den jeweiligen Voraussetzungen: linke Seite / rechte Seite, Erwachsene / Kinder usw.

G 1: Guter Gott,
du schenkst uns das Brot.
du gibst uns, was wir brauchen.
Wir danken dir.

G 2: Du lädst uns ein an deinen Tisch:
Kleine und Grosse,
Fröhliche und Traurige,
Kranke und Gesunde.
Alle dürfen kommen.
Wir danken dir.

G 1: Du hast uns geschaffen.
Du kennst uns mit Namen.
Du hast uns lieb.
Wir danken dir.

G 2: Du hast Jesus zu uns gesandt, deinen Sohn.
Er wurde ein kleines Kind, von Maria geboren.
Er hat uns deine Liebe spüren lassen.
Wir danken dir.

G 1: Manchmal ist unser Leben dunkel.
Aber wir sind nicht allein.
Du bist bei uns.
Wir danken dir.

Einsetzungsworte

L: Beim Abschied, als Jesus mit denen zusammensass,
die ihm nahe waren,
nahm er das Brot und sprach:
Seht – hier ist das Brot.
Nehmt und teilt es miteinander
und erinnert euch an mich.
So bin ich bei euch.

Daraufhin nahm er den Kelch und sprach:
Seht – hier ist der Kelch.
Nehmt und trinkt daraus
und erinnert euch an mich.
So bin ich bei euch.

Kinder, Familien und Jugendliche 67

Lied (Auswahl)

Lied 4 Sig willkomme
Lied 26 Komm, Heil'ger Geist, mit deiner Kraft
Lied 32 Wo zwei oder drei

Unser Vater

Friedensgruss

Die Feiernden geben einander die Hand mit den Worten «Friede sei mit dir» / «Fride mit dir» oder sie singen das folgende Lied:

RG 336 Fride wünsch ich diir

Austeilung

Die Kinder bringen das Abendmahl ihren Eltern und Geschwistern. (Die Austeilung muss je nach den lokalen Gegebenheiten und der Zahl der Feiernden sorgfältig abgesprochen und geregelt werden.)

Dankgebet

L/E: Gott,
wir danken dir für das Brot und den Traubensaft.
Sie zeigen uns: Du bist da. Du liebst uns.
Du machst uns Mut und gibst uns neue Kraft.
Wir danken dir.
Amen.

Ausgewählte Beispiele von Abendmahlsliturgien

Dankgebet (Auswahl)

RG 91 Danket Gott, denn er ist gut
RG 93 Danket, danket dem Herrn
RG 341 Dank sei dir, Vater
Lied 30 Sy Säge begleitet mi

Mitteilungen

Segen

Musik zum Abschluss

E Nacht vo de Verwandlig:
Generationengottesdienst zu Joh 21,1–14

Zielgruppe	Kinder und Familien
Wann	Zeit nach Ostern
Form	Ganzer Gottesdienst
Beteiligung	Religionsschülerinnen und -schüler stellen den Bibeltext szenisch dar
Besonderes	Narrative Hinführung zum Abendmahl mit Joh 21 und aktiver Beteiligung der Schüler:innen, ans Abendmahl anschliessende Agapefeier
Material	Requisiten für die Theaterszenen (siehe unten), Gaben und Geschirr für die Feier des Abendmahls an den Tischen, Speisen und Getränke für die Agapefeier
Quelle	Pfrn. Rahel Balmer und Katechetin Claudia Wilhelm, Biel (Übersetzung ins Zürichdeutsche und Bearbeitung Thomas Muggli-Stokholm, LGBK)

* * *

Die Feiernden sitzen an kleinen Tischen verteilt im Kirchenraum. Es muss dafür gesorgt werden, dass alle freie Sicht nach vorne, zu den Theaterszenen, haben.

SAMMLUNG

Eingangsspiel

Die Mitwirkenden ziehen feierlich in den Gottesdienstraum ein.

Grusswort

L: Mir fiired dää Gottesdienscht
im Name vo Gott, Muetter und Vater, won eus beschützt,
im Name vo Jesus Christus, won eus iladt.
und im Name vo de Heilige Geistchraft, won eus stärcht.
Amen.

Begrüssung

Eingangslied
RUpl 199,1–3 Du bist da, wo Menschen leben

ANBETUNG

Eingangsgebet

L: Güetige Gott,
Du gsehsch mich – so wien ich bin.
Du nimmsch mich – so wien ich bin.
Du häsch mich gern – so wien ich bin.
Du weisch, was mich bewegt
und kännsch all mini Wäg.

Es git kein Ort,
wo Du nöd da bisch für mich.
Du machsch mir Muet,
wänn ich nüme wiiterweiss
und tuesch d Türe uuf
für neui Wääg mit dir.
Ich danke dir. Amen.

VERKÜNDIGUNG

Hinführung zum Bibeltext und zur Erzählung Joh 21, 1–3

L: Es isch vill passiert i de letschte Tääg:
De Jesus, wo vili vonem gseit händ,
äär segi en grosse König, ja, de Sohn vo Gott.
De Jesus isch gfange gnoo worde.
Mer hät en zum Tod verurteilt und as Chrüüz gnagled.
Doch drüü Taag nachdem äär gstorbe isch,
sind Fraue choo und händ bhauptet,
sie seged em Jesus wieder begägned.
Äär seg uferstande, äär läbi!
Für es paar vo de Fründe vo Jesus isch all das z vill.
Sie verlönd d Stadt Jerusalem und chehred zrugg i ihri Heimet,
is Dorf Kafarnaum am See Genezaret.

Nach all dem Schwääre und Unfassbare, wo sie erläbt händ,
bruuched sie Rueh, zum alles verschaffe.
Ihri vertrout Arbett als Fischer hilft ihne dadebii.
Und so fahred sie mit em Boot zum Fische use uf de See,
zmitzt i de Nacht, dänn biissed d Fisch am beschte aa.
Sie känned ihres Handwerch und wüssed,
wo sie d Netz am beschte uuswerfed.

Theaterszene zur weiteren Erzählung Joh 21,4–13
(mit Pantomime und Geräuschen)

Szene 1
Material: Stoff zu Schiffform gefaltet, an 2 Stühlen befestigt. Davor blaue Tücher als Wasser. Zwei Netze, eines leer und eines mit Papier-Fischen gefüllt. Tücher für Jünger und weisses Tuch für Jesus. Musikinstrumente: Glockenspiel, Ocean-Drum, Tamburin, Xylofon

Rollen: Musikgruppe, Jesus, Jünger (Gemäss Joh 21 sind es sieben Personen, die Anzahl kann aber auch abweichen)

Die Jünger sitzen im Boot.

L: Es isch zmitzt i de Nacht, de Himmel isch bewölkt,
de See dunkel, spiegelglatt.
Nur s Liecht vom Halbmond und von es paar Sterne
truckt schwach zwüsched de Wulche dure.

Sterne: Es erklingen einzelne Töne auf dem Glockenspiel.

Es isch still.
Nur s Wasser gluckered und platscht liislig gäge d Planke vom Boot.

Das Ocean-Drum wird sanft gedreht.

Siit Stunde sitzed d Fründe scho daa und fisched.
Sie fisched und fisched und fisched ...

Zwei Jünger werfen das leere Netz aus.

Doch sie händ no kän Fisch gfange,
kän einzige Fisch!
S Boot triibt uf em tunkle, tüüfe Wasser.
D Fründe reded käs Wort.
Jede hangt für sich eleige sine finschtere, schwääre Gedanke naa.

Alle Jünger lassen den Kopf hängen.

Petrus: «Nöd emal meh fische chömmer!»
Johannes: «Ja, was chönd mir dänn überhaupt no?»
Jünger 3:   «Euse bescht Fründ, de Jesus, isch nüme da.»
Jünger 4:   «Dää hett eus sicher ghulfe. Aber äär isch weg,
            weg für immer.»

Alle Feiernden singen die beiden Liedstrophen:

Lied RG 85,1 und 2 Aus der Tiefe rufe ich zu dir

L: D Fründe gännd uuf.
Mit em Fische wird s hütt nüüt.
Hungrig, müehd und enttüüscht ruedered sie em Ufer zue.

Ocean-Drum wird nach rechts und links bewegt; dazu wird ein Schlag-Rhythmus auf dem Tamburin gespielt, welcher die Ruderbewegung der Jünger simuliert. Die Jünger halten fiktive Ruder und lehnen sich nach vorn und nach hinten.

Kinder, Familien und Jugendliche 73

L: De Himmel färbt sich langsam rot, orangsch, gääl.
   D Sune gaat uuf.

Auf dem Glockenspiel ertönt eine Tonleiter aufwärts.

L: En neue Tag faat aa.
   Und lueg deet! Am Ufer staat öppert!
   En Frömde.
   Äär winkt de Fründe zue.

Jesus winkt und formt mit den Händen ein Sprachrohr.

L: Und äär rüeft:
Jesus: «Ihr Liebe, händ ihr nüüt z Ässe?»
L: Sie rüefed zrugg:
Jünger 1–4: «Nei. Mir händ nüüt gfange!»

Die Jünger schütteln den Kopf.

L: Da rüeft de Frömdi:
   «Werfed s Netz uf de rächte Siite vom Boot uus,
   und ihr werded en guete Fang mache!»

Jesus zeigt auf die andere Seite des Bootes.

L: D Fründe lueged denand ratlos aa.

Die Jünger schauen sich an, schütteln den Kopf und zucken mit den Schultern.

L: Jetzt, am heiterhelle Morge,
   wo au de letscht Fisch sich is tüüfe Wasser verzoge hät,
   jetzt sölled sie s Netz nomal amene neue Ort uuswerfe?
   Das bringt doch nüüt!
   Und überhaupt: Was verstaat dää Frömdi scho vom Fische?
   Trotzdem mached sie, was de Frömdi seit:
   Sie werfed ihri Netz uf de rächte Siite vom Boot uus und ...

Die Jünger werfen das leere Netz hinter das Boot.

L: «Ich cha s Netz chuum hebe. Es isch soo schwär», rüeft de Petrus.

Petrus zerrt am Netz.

L: «Johannes, hilf mir s Netz is Boot zieh.»

Johannes zieht auch am Netz.

L: Au die andere packed aa.
Doch s Netz isch so voll Fisch,
dass sie s nöd is Boot bringed.

Alle Jünger ziehen gemeinsam. Das zweite (hinter dem Boot versteckte) Netz mit den Fischen wird ins Boot gezogen.

L: Es zabbled und zieht im Netz.
Schwäär isch s Netz, aber es riisst nöd.
Es hebt d Fisch zäme.
Da seit de Johannes zum Petrus:
«Das isch de Jesus!»
Wo de Petrus das ghört,
gumpt äär sofort is Wasser.

Petrus springt ins Wasser (das kann klanglich mit dem Ocean-Drum untermalt werden) und macht Schwimmbewegungen, bis er ans Land kommt, wo Jesus steht.

L: Und äär schwümmt as Ufer.
Äär wott nöd warte.
Sofort muess äär zum Jesus.

Petrus umarmt Jesus.

L: Die andere Fründe chömed mit em Boot naa
und ziehnd s Netz mit de Fisch hinder sich häär.

Ocean-Drum wird nach rechts und links bewegt; dazu machen die Jünger Ruderbewegungen zum Schlag-Rhythmus des Tamburins.

Szene 2
Material: Netz mit Fischen, Feuerstelle aus roten und gelben Tüchern, Fische, Grill, Tuch mit Brot

Die Jünger landen an und gesellen sich zu Jesus und Petrus ans Feuer.

L: Am Ufer brännt es Chohlefüür.

Feuerknistern: Vor dem Mikrofon wird mit einem Plastiksäckchen geknistert.

L: Fisch ligged uf em Füür.
Näbedraa, uf eme Tuech, liit Brot.
De Jesus erwartet d Fründe und seit ihne:
«Bringed vo de Fisch, won ihr grad gfange händ.»

Jesus zeigt auf das Netz.

L: De Petrus zieht s Netz as Land.

Petrus holt das Netz und zieht es einige Schritte.

L: S Netz isch voll vo grosse Fisch, es sind Hundertdrüüefüffzg!
Und obwohl s so vili sind, riisst s Netz nöd.

Jünger legen von den gefangenen Fischen auf den Grill.

L: Jetzt seit de Jesus: «Chömed und ässed!»

Jesus winkt die Jünger zu sich.
Die Jünger stellen sich im Halbkreis um das Feuer.

L: «Ich bin zmitzt under eu – nöd nume hütt, sondern immer»,
seit de Jesus.
«Ich sorg für eu und gib eu Chraft.»

Jesus und die Jünger setzen sich.

L: De Jesus nimmt s Brot und de Fisch.
Äär git jedem vo sine Fründe devoo.

Jesus teilt das Essen aus.

L: Und es wird ihne warm ums Herz.
Keine vo de Fründe stellt d Frag: «Wäär bisch du?»
Sie gspüüred, dass es de Jesus sälber isch.
D Fründe teiled s Brot und de Fisch,
und de Jesus isch mit ihne.

Lied

Lied 32 Wo zwei oder drei

ABENDMAHL

Überleitung zum Abendmahl

L: D Nacht, wo de uferstande Jesus sine Fründe begägned,
isch e Nacht vo de Verwandlig:
Nach tunkle Stunde im Boot uf em See
chunnt de helli Morge mit lüüchtende Farbe.
Lääri Netz werded voll.
Verzwiiflig verwandled sich i Freud.
De Maa am Ufer, zerscht frömd und unheimlich,
git sich z erchänne als Jesus, ihre vertrouti Fründ.

S Liecht gaat de Fründe uuf,
wo de Jesus ihne s Brot und de Fisch uusteilt:
Sie, wo sich grad no verlore gfühlt händ,
gpüüred: sie sind nöd eleige.

Das gspüüred au mir,
wänn mir jetzt s Aabigmahl fired:
Wänn mir s Brot bräched und teiled mitenand.
Wänn mir vom Truubesaft trinked.
Dänn isch de Jesus zmitzt under eus –
so wien äär am See bi sine Fründe gsii isch.

Abendmahlslied

RG 321,1–3 Aus vielen Körnern gibt es Brot

Einsetzungsworte (zwei Varianten)

Variante 1:
L: I de Nacht vor siim Sterbe
nimmt de Jesus s Brot,
dankt Gott defür,
bricht s abenand und seit:
Nähmed und ässed – das Brot git eu Chraft.

Dänn nimmt äär de Kelch und seit:
Trinket alli drus.
Dää Kelch erinnert eu a eusi Gmeinschaft.

Variante 2:
L: Grad eso wie i de Nacht vor siim Tod
git är eus s Brot und seit:
Nämed, teiled mitenand und ässed.
Ich will für eu sorge.

Und grad eso wie doo
git äär eus de Kelch und seit:
Nämed, teiled mitenand und trinked.
Ich will eu neui Chraft gää.

Lied, Einladung und Gebet

Lied 23 Ich laden oi ii

L: De Jesus seit: Ich laden oi ii
Chömed alli, gross und chlii.
Am miim Tisch törf jede sii,
immer bin ich au debii.

So tanked mir dir, grosse Gott,
dass du jetzt zmitzt under eus bisch
und eus und euses Zämesii sägnisch.
Amen.

Unser Vater

Austeilung

L: Mir fiired jetzt s Aabigmahl am Tisch
Mir bräched es Stückli Brot ab
und gännd s eusere Nachberi / eusem Nachber mit de Wort:
Das isch s Brot vom Läbe.
Mir wartet, bis alli am Tisch devoo überchoo händ,
und dänn ässed mir s Brot mitenand.
Dänn nähmed mir än Bächer mit Truubesaft,
gännd ihn eusere Nachberi / eusem Nachber und säged:
Das isch de Kelch vo de Gmeinschaft.

Musik zur Abendmahlfeier an den Tischen

Zur Austeilung des Abendmahls erklingt Orgelmusik, zum Beispiel Variationen von Lied 23 Ich laden oi ii.

FÜRBITTE

Dank- und Fürbittegebet

L: Grosse Gott,
mir händ vom Brot vom Läbe gässe
und Gmeinschaft ghaa – mit dir und mitenand.
Mir tanked dir und bittet dich:
Bis du bi dene Mänsche,
wo hungered nach Brot und Liebi.

Mir händ us em Bächer vo dä Gmeinschaft trunke
und Geborgeheit erläbt – bi dir und underenand.
Mir tanked dir und bittet dich:
Still du de Turscht vo dene Mänsche,
wo sich nach eme Dihei und nach Geborgeheit sehned.

Bi dir händ mir Chraft gschöpft, wie us ere früsche Quälle.
Mir tanked dir und bittet dich:
Gib du dene Mänsche Chraft,
wo chrank oder muetlos sind.

Bi dir sind mir fröhlich gsii, händ zäme gsunge und glacht.
Mir tanked dir und bittet dich:
Tröscht du die Mänsche,
wo truurig oder eleige sind.

Grosse Gott,
du häsch eus alli gern, so wie mir sind.
Mir tanked dir und bittet dich:
Lass eus dini Liebi in Alltag träge.
Amen.

Mitteilungen und Einladung zum Agapemahl

Ausgewählte Beispiele von Abendmahlsliturgien

SEGEN

Schlusslied

RG 168 Hewenu schalom alechäm

Agapemahl

Wir feiern das Leben:
Eine Abendmahlsliturgie für Jugendliche mit Klangschale und Zündhölzern

Zielgruppe	Jugendliche
Wann	Nicht an das Kirchenjahr gebunden
Form	Erzählliturgie vor dem Mahl
Besonderes	Hoher Aktivierungsgrad der Jugendlichen
Material	Klangschale; Zündhölzer
Quelle	Pfr. Uwe Habenicht, St. Gallen-Straubenzell

* * *

Hinführung

In einer kurzen Einführung werden die Jugendlichen gebeten, auf die Frage «Und Ihr?» jeweils zu antworten: «Wir feiern das Leben.»

L: Es war Abend. Damals.
 Der letzte Abend.
 Jesus feiert ein letztes Mal mit seinen Freunden.
 Und Ihr?

A: Wir feiern das Leben.

L: Abschied liegt in der Luft. Ein Hauch Melancholie.
 So vieles hatten die Jünger mit Jesus erlebt und geteilt.
 Von Dorf zu Dorf waren sie gewandert. Jesus hatte Kranke geheilt.
 Der Blinde konnte wieder sehen.
 Die Lahmen wieder gehen.
 Und Ihr?

A: Wir feiern das Leben.

L: Und Geschichten hat er erzählt.
Das Verlorene wird gefunden, das Schaf kehrt zurück.
Der Sohn/Das Kind dreht um und geht heim zum Vater.
Und Ihr?

A: Wir feiern das Leben.

L: Und jetzt der letzte Abend.
Er wird leiden – sterben – auferstehen und in uns lebendig sein.
Sie sitzen am Tisch.
Die Öllampen brennen
und werfen ein sanftes Licht auf die rauen Gesichter der Fischer.
Und ihr?

A: Wir feiern das Leben.

L: Hatte er nicht gesagt: Leuchtet und strahlt?
Ihr seid das Licht der Welt.
Du kannst leuchten und strahlen in dieser Welt.
Du bist Zündschnur der Hoffnung und Flamme der Liebe.

Nimm dein Streichholz und lass es leuchten.
Einer nach der anderen.
Sehen wir zu, wie es hell wird.
Und das abgebrannte Streichholz legen wir in die Schale.

Reihum entzünden die Jugendlichen ihr Streichholz, lassen es brennen und legen es in die Klangschale, die weitergegeben wird.
Am Ende wird die Klangschale angeschlagen.

L: In deiner Nähe, Gott, wird es hell und warm.
In deiner Gegenwart werden wir leuchtend und strahlend,
lassen uns entflammen von deiner Liebe.
An diesem Tisch werden wir zu einer Gemeinschaft.
Du lädst uns ein und stärkst uns mit Brot und Wein.
Unsere erloschene Hoffnung,
unsere vergeblichen Versuche,
unser Nicht-Gelingen
bringst du neu zum Strahlen.
Du entzündest aufs Neue unseren Mut zum Neuanfang,
unser Vertrauen und unseren Glauben an dich.
Und ihr?

A: Wir feiern das Leben.

L: Wir feiern sein Leben in unserem.
Seine Kraft in unserer Schwäche.
Sein Licht in unserer Dunkelheit.

Lied

RG 705 Im Dunkel unsrer Nacht

Einsetzungsworte

Erwachsene, mit Bezug zum Kirchenjahr

Gott mit uns:
Abendmahl an Weihnachten

Zielgruppe	Erwachsene
Wann	Weihnachten
Form	Hinführung und Epiklese zum Abendmahl
Beteiligung	geringer Aktivierungsgrad der Gemeinde (Singen der Lieder)
Besonderes	Einbezug von weihnächtlichen Liedern im Abendmahlsteil
Material	Reformiertes Gesangbuch (RG)
Quelle	Pfrn. Aline Kellenberger, Luzern

* * *

Hinführung

L: Wir feiern Weihnachten,
weil Gott sich offenbart hat
als der Gott mit uns.

Wir feiern Weihnachten,
weil Gott sich offenbart hat
als der Gott, der uns liebt.

Wir feiern Abendmahl,
um beides zu spüren:
Gott ist mit uns
und er liebt uns.

Mitten im Dunkel
feiern wir das Licht.

Mitten in schlechten Nachrichten
feiern wir die gute Botschaft.
Mitten im Seufzen der Kreatur
feiern wir die Hoffnung.
Mitten in unserer Angst und Verlorenheit
feiern wir den Immanuel –
den Gott mit uns.

Ihm gehört unser Lied!

Lied

RG 224 Ehre sei Gott in der Höhe

Epiklese

L: Deine Geistkraft, Gott, wirke unter uns,
    wenn wir Brot und Wein teilen.
    Erfülle uns mit deiner Liebe.

    So lasst uns hören, was damals geschah:

Einsetzungsworte

Unser Vater

Einladung und Austeilung

Lied

RG 404,1 und 3 Jauchzet, ihr Himmel

Zerrissen und zusammengefügt:
Feier für die Passionszeit

Zielgruppe	Erwachsene
Wann	Passionszeit
Form	Ganzer Gottesdienst
Beteiligung	Hohe Beteiligung der Gemeinde
Besonderes	Gottesdienst mit symbolischer Umsetzung des Themas
Material	Farbiges Papier; Staffelei mit Brett und doppelseitiger Klebefolie
Quelle	Pfrn. Anne Dietrich, St. Gallen-Straubenzell; Bearbeitung LGBK

Zur Entstehung der Feier: Die Liturgie geht zurück auf einen Gottesdienst in der Passionszeit 2023, gefeiert in der Kirche St. Gallen-Bruggen, und wurde von Mitgliedern der Arbeitsgruppe der LGBK überarbeitet. Thema des Gottesdienstes war das Fastentuch 2023 von Emeka Udemba. Besonderheit dieser Abendmahlsfeier ist eine Collage, welche die Feiernden miteinander erstellen. Der Gottesdienst lässt sich auch ohne Bezug zum Thema der damaligen Fastenaktion feiern.

* * *

Auf den Bänken sind farbige Papiere ausgelegt. Auf einer Staffelei steht eine Leinwand, versehen mit einer Klebefolie von ca. 80 cm Durchmesser.

SAMMLUNG

Eingangsspiel

Votum

Begrüssung

ANBETUNG

Lied

RG 574,1–2.5 Er weckt mich alle Morgen

Gebet

VERKÜNDIGUNG

Lesung

Joh 18,37 – 19,5

Lied

RG 456,1–3 Korn, das in die Erde

Predigtbausteine

Es werden hier einige Anregungen zur Gestaltung der Predigt gegeben. Bei der konkreten Umsetzung muss stets mitbedacht werden, dass die anschliessende Aktion mit der Collage die Hauptgedanken der Predigt praktisch umsetzt.

L: Es ist Passionszeit.
Zeit, sich auf die Leidensgeschichte Jesu zu besinnen.
«Seht, da ist der Mensch!», ruft Pilatus aus
und macht damit – ohne es zu wissen – deutlich,
dass sich in der Passion die Menschwerdung Gottes erfüllt:
Die Verletzlichkeit und die Sterblichkeit von Jesus werden offenbar.
Sein Leben bekommt Risse.

Nach jedem der folgenden Absätze zerreisst der Liturg / die Liturgin ein Stück Papier.

- Jesus sitzt mit all seinen Freunden am Tisch. Er weiss: Einige werden sich von ihm abwenden, noch in dieser Nacht. Und er verheimlicht es ihnen nicht. Ihre Gemeinschaft bekommt tiefe Risse.
- Jesus hat lediglich eine kleine Bitte: «Bleibet hier und wachet mit mir». Sie jedoch schlafen tief und fest. Das Vertrauen Jesu in seine Freunde bekommt Risse.
- Jesus wird von einem Freund geküsst. Ein verräterischer Kuss. Die Verbindung zueinander ist zerrissen.
- Fast alle seine Jünger lassen Jesus im Stich und ergreifen die Flucht. Es ist mehr als eine Zerreissprobe.
- Und dann das Urteil der Menge: Sie spucken ihm ins Gesicht, schlagen ihn mit Fäusten. Sein Vertrauen in das Volk hat der Zerreissprobe nicht standgehalten.
- «Seht, da ist der Mensch!» Die Passionszeit – Zeit, uns auf unsere eigene Menschlichkeit zu besinnen, unsere Verletzlichkeit, unser Leiden, die Risse in deinem und meinem Leben:
    - als jemand dein Vertrauen verspielt hat und ein tiefer Riss zwischen euch entstanden ist.
    - als jemand dich mit einem einzigen Wort so sehr verletzt hat, dass es für euer Miteinander zur Zerreissprobe wurde.
    - als jemand, der dir nahestand, gestorben ist und die Verbindung für immer abgerissen ist.
    - ...

L: Wo gibt es Risse in deinem Leben?
Was war in deinem Leben eine richtige Zerreissprobe?
Wir hören jetzt Musik. Wenn ihr mögt, reisst das Papier vor euch in Stücke. Vielleicht kommt euch dabei der eine oder andere ganz persönliche Passionsmoment in den Sinn.
Wir werden das zerrissene Papier nachher noch brauchen.

Musik

Musik zum Zerreissen des Papiers

Erwachsene, mit Bezug zum Kirchenjahr

Anleitung zur gemeinschaftlichen Collage

L: Hier vorne steht eine Leinwand mit einer runden Klebefläche. Darauf könnt ihr eure Papierstücke kleben. Stück für Stück, mit jedem eurer Fragmente ergibt sich ein neues Bild. Ihr könnt euch gegenseitig inspirieren, weitergestalten oder überkleben.

Musik

Musik zur Begleitung beim Kleben und als Zwischenspiel
Der Liturg/die Liturgin teilt nach dem Zwischenspiel einige Beobachtungen
und Gedanken zur Aktion mit der Gemeinde: Was zerrissen war, ist aufgehoben
in einem Ganzen. Dieses Bild leitet über zum Abendmahlsteil.

ABENDMAHL

Gebet zum Abendmahl

L: Du, Gott des Lebens,
rufst uns heraus
aus dem Alltag
an deinen Tisch,
aus unserem Tagwerk
in einen Augenblick der Ewigkeit,
aus dem Gewirr von Anforderungen und Ansprüchen
vor dein Angesicht.
Jetzt – hier zur Ruhe gekommen vor dir,
feiern wir, was uns verheissen ist.
Unser zerrissenes Leben ist nicht alles.
Vor dir sind wir, was wir sein werden,
heil und ganz.

Darum danken wir dir für das Brot
und für alles, was lebensnotwendig ist.

Wir danken dir für den Saft der Trauben
und für alles, was unser Leben
über das Notwendige hinaus bereichert.

Vereint wie die Körner des Feldes im Brot,
vereint wie die Beeren im Saft,
so sind wir an deinem Tisch.
Du lässt uns Gemeinschaft erleben.

L: Für uns und die ganze Welt beten wir mit den Worten Jesu:

Unser Vater

Lied (Auswahl)

RG 321 / RUpl 091 Aus vielen Körnern gibt es Brot
Lied 5 Wir teilen Brot und Wein

Einsetzungsworte zum Brot

Die Feiernden stehen im Kreis.

L: Damals,
in der Nacht,
als Jesus ausgeliefert wurde,
in der Nacht,
als der Riss zwischen den einen und den anderen
bis in den engsten Kreis um Jesus sichtbar wurde,
als die Erwartungen an seine Vertrauten
sich als zu hoch erwiesen.
Damals nahm Jesus das Brot,

brach's, gab es ihnen und sagte:
Nehmt hin und esst.
Das ist mein Leib, der für euch gegeben wird.
Solches tut zu meinem Gedächtnis.

Austeilung des Brots

Mit den Spendeworten:
Nimm und iss – vom Brot des Lebens.

Einsetzungsworte zum Wein/Traubensaft

L: Ebenso nahm Jesus den Kelch,
sprach das Dankgebet, gab ihnen davon und sagte:
Dieser Kelch ist die neue Verbindung / der neue Bund
in meinem Blut,
das für euch vergossen wird.
Solches tut, so oft ihr davon trinkt, zu meinem Gedächtnis.

Austeilung des Weins
Mit den Spendeworten:
Nimm und trink – vom Kelch des Heils.

Dankgebet oder -lied

Lied 2 Mir lobed dich

FÜRBITTE

Evtl. Mitteilungen

Lied

Lied 8 Amen, Halleluja

SENDUNG UND SEGEN

Ausgangsspiel

Erwachsene, mit Bezug zum Kirchenjahr 93

Was unterscheidet eigentlich diese Nacht von allen anderen Nächten?
Feier für den Gründonnerstag

Zielgruppe	Erwachsene, Familien
Wann	Gründonnerstag
Form	Ganzer Gottesdienst
Beteiligung	Hoher Aktivierungsgrad der Gemeinde
Besonderes	Die Feier versucht, in narrativer Form erlebbar zu machen, dass das Abendmahl aus dem Sedermahl hervorgegangen ist.
Material	Festlich gedeckte Tische mit verschiedenen Speisen, Bibel, Reformiertes Gesangbuch (RG)
Quelle	Pfrn. Aline Kellenberger, Luzern

* * *

Die Teilnehmenden erwartet ein festlich gedeckter Tisch mit verschiedenen Speisen (z. B. Trauben, Nüsse, Datteln, Zaatar, Hummus, Brot, Käse ...). Die Teilnehmenden können im Vorfeld gebeten werden, eigene Speisen im Sinne einer «Teilete» mitzubringen. Ebenfalls auf dem Tisch stehen zugedeckt ein Korb mit ungesäuertem Brot und ein oder mehrere Abendmahlskelche. Kerzen brennen oder werden bei der Ankunft der Gäste angezündet.

Musik

Im Hintergrund ertönt Musik.

SAMMLUNG

Die Teilnehmenden nehmen Platz am Tisch und werden aufgefordert, zu teilen, zu essen, zu trinken und sich zu unterhalten (mindestens eine halbe Stunde).

Irgendwann – evtl. nach einem Musikstück oder dem Anzünden einer Kerze vor sich – setzt der/die Leitende mit der Erzählung vom Einzug Jesu in Jerusalem ein. Der Text kann aus einer Bibel vorgelesen oder (noch besser) frei erzählt oder abgespielt[2] werden.

Lesung

Der Einzug Jesu in Jerusalem (Mk 11,1–10; Lk 19,29–38 oder Joh 12,12–19)

ANBETUNG

L: Zäme mit de Lüüt stimmed mir in Jubel ii und singed s Lied ...

Lied

RG 370, 1–3 Tochter Zion, freue dich!

VERKÜNDIGUNG

Erzählung, 1. Teil

L: Ja, so isch de Jesus am Palmsunntig in Jerusalem iizoge.
Einigi Täg spöter sind de Jesus und d'Jünger zämecho.
Zämecho am Vorabig vom Passafescht, am Sederabig.

Gnau so wie mir sind sie dozmal zämegsässe:
de Jesus und sini Jünger.
Und so wie mir händ sie mitenand gässe und trunke.
Ja, äs isch gsi wie immer am Sederabig.

---

2 Zum Beispiel von der CD, «Jesus zieht in Jerusalem ein» aus: Neukirchener Hör-Bibel. Passionszeit, gelesen von Margot Kässmann, komponiert und musikalisch begleitet von Hans-Jürgen Hufeisen, Aussaat, ISBN 978-3-7615-5534-7.

Und so wie immer wird vermuetli der Jüngscht am Tisch –
so wie's bis hüt bi dä Jude und Jüdinne Tradition isch –
d'Frag gstellt ha:
«Was unterscheidet eigentlich die Nacht vo allne andere Nächt?»

Ja, was unterscheidet die Nacht vo allne andere Nächt?
Und eine – villicht sogar dä Jesus – wird uf die Frag gantwortet ha.
Und är wird derbi die gliiche Wort bruucht ha,
wo üs no hütt d'Bsunderheit vo däre Nacht erchläred:
«Mir si Sklave gsi vom Pharao in Ägypte –
knächtet und ohni Rächt.
Aber denn het üse Gott üs us der Sklaverei gfüehrt.
Är het üs befreit mit starcher Hand und usgstrecktem Arm.
Hätti Gott das nid gmacht,
mir wäred no hüt Sklave in Ägypte.»

Ja, so isch das dozmal gsi
und so isch das bis hüt bi dä Jüdinne und Jude am Sederabig,
am Vorabig zum Passafest.
Und doch isch irgendöppis anders gsi –
dozmal i däre Rundi vom Jesus und sine Jünger.
Anders als süsch.
Irgend öppis isch ir Luft gläge.
Was, das het keine vo dä Jünger so gnau in Wort chönne fasse:
Äs isch öppis gsi zwüsche Vorfreud ufs grosse Fescht
und äre sältsame Aspannig ...

Lesung

Das Abendmahl (Mk 14,17–26; Mt 26,20–30 oder Lk 22,14–23)

Der / Die Verantwortliche liest entweder den Text zum Abendmahl aus der Bibel oder (noch besser) erzählt die Geschichte frei. Alternativ kann dieser von der CD abgespielt[3] werden.

---

3   Zum Beispiel aus der CD vgl. oben (Anm. 2): 13 «Jesus feiert das Mahl».

Musik

Es erklingt nachdenkliche, feine Musik.

Erzählung, Teil 2

L: Die Nacht – sie isch sit jehär ä bsunderi.
Und mit däne Wort und Geschte vom Jesus
isch sie no uf ä anderi Art bsunders worde.

D'Jünger händ verstande und irgendwie au nid.
Nur langsam und vor allem im Hindedri wird ihne klar:
Was sie i däre Nacht erläbt händ,
nimmt das, wo ihne vo Chindsbei a vertruut gsi isch,
uf und laht gliichziitig öppis Neus entstah.

Wenn mer jetzt Abigmahl fiired,
denn fiired mer nid öppis ganz Neus. Im Gegeteil.
De Jesus het s'Liide in Ägypte mit sim eigete Liide verbunde
und d'Befreiig us der Knächtschaft
mit der Befreiig vo allne Todesmächt.
So wie s Volch Israel in Ägypte glitte hät,
so wird är liide.
Und so wie Gott sie us der Knächtschaft befriit het,
so wird är d'Todesmächt abschüttle.

I däre Zueversicht wänd mer jetzt Abigmahl fiire.
Im Wüsse, dass das die letschti Nacht gsi isch,
wo de Jesus mit dä Jünger zämegsi isch.
Im Wüsse, dass der Liidenswäg vo Jesus bevorstaht,
wo ihn as Chrüz füehrt.
Aber au im Wüsse, dass am Änd vo däm Wääg d'Befreiig staht.
Ja, am Änd wird är uferstah zu neuem Läbe.

ABENDMAHL

Lied (Auswahl)

RG 318,1–6 Seht, das Brot, das wir hier teilen
Lied 5 Mir teiled Brot und Wii

Unser Vater

Austeilung

Die Austeilung erfolgt als wandelndes Abendmahl; dazu evtl. Musik

Lied

RG 88 Hinne ma tov uma naim

SEGEN

Keim der Hoffnung – Kraft des Lebens: Abendmahl am Karfreitag

Zielgruppe	Erwachsene
Wann	Karfreitag
Form	Abendmahlsteil
Beteiligung	Geringer Aktivierungsgrad der Gemeinde (Singen der Lieder)
Besonderes	Das Abendmahl wird am Anfang des Gottesdienstes gefeiert
Material	Mehrere ganze Brote, Krüge, Gläser
Quelle	Pfrn. Ella de Groot, Gümligen

* * *

Eingangsspiel (Orgel)

Votum

L: Ich vertraue mich dem schöpferischen Grund
und Sinn allen Lebens an.
Mit seiner wahrhaftigen Haltung im Leben und Lehren
ist Jesus aus Nazaret mir ein lebendiges Vorbild.
Immer wieder neu davon angesprochen,
weiss ich mich verbunden im Grösseren.
Ja, so sei es.

Erwachsene, mit Bezug zum Kirchenjahr

Begrüssung

L: Mein Gott, mein Gott, warum hast du mich verlassen!
So schreit Jesus am Kreuz
mit allen Menschen,
die verraten und verlassen,
ausgebeutet und geschunden werden.

Mein Gott, mein Gott, warum hast du mich verlassen!
So schreit er mit uns,
wenn wir nichts als den Tod vor Augen verzweifeln.

Wir feiern heute den dunkelsten Tag des Kirchenjahres,
den Karfreitag.
Wir gedenken des Leidens und des Todes Jesu.
Im heutigen Gottesdienst ist vom österlichen Licht
noch keine Spur zu sehen.
Es brennt keine Osterkerze.
Heute gilt es das Dunkel auszuhalten.
Mit leeren Händen und aufgewühlten Herzen rufen wir:
«Mein Los ist Tod, hast du nicht andern Segen?»

(RG 213,1)

Lied

RG 213,1–3 Ich steh vor dir mit leeren Händen

L: Heute, am Karfreitagmorgen,
denken wir mit dem einen Namen, Jesus von Nazaret,
an alle Leidenden dieser Welt.
Um seinetwillen haben wir uns hier versammelt.
Er ist ein Wort für uns, er war ein Mensch für alle.
Er war ein Wunder der Menschlichkeit und Liebe.
Wir suchen seine Kraft in uns Menschen
und brauchen seine Worte in unsere Herzen,
damit wir wissen, was getan werden muss.
Sodass unser Leben miteinander sein Dasein zeige
und die Liebe widerspiegle,
wie er sie gelebt hat, Jesus, unser Bruder, im Dienst dieser Welt.

Sie hören nun den Text über das Passamahl aus dem Alten Testament, aus dem Buch Exodus. Jahr für Jahr wird dieses Fest gefeiert. Auch Jesus hat mit denen, die ihm nahestanden, am Abend vor seinem Tod das Passamahl gefeiert. An diesen Abend denken wir jeweils an Gründonnerstag. Das war gestern, der Gedächtnistag des letzten Mahls Jesu. Darum feiern wir heute das Abendmahl am Anfang des Gottesdienstes vor der Predigt.

Lesung

L: Und Mose sprach zum Volk:
Gedenkt dieses Tages,
an dem ihr aus Ägypten, aus einem Sklavenhaus,
ausgezogen seid,
denn der HERR hat euch von dort herausgeführt mit starker Hand.
So darf nichts Gesäuertes gegessen werden.
Heute zieht ihr aus, im Ährenmonat. [...]
Sieben Tage sollst du ungesäuerte Brote essen,
und am siebten Tag ist ein Fest für den HERRN. [...]
Deinem Sohn aber sollst du es an jenem Tag erklären:

Um dessen willen, was der HERR für mich getan hat,
als ich auszog aus Ägypten.
Es soll dir ein Zeichen sein,
denn der HERR hat dich aus Ägypten geführt mit starker Hand.
So sollst du diese Ordnung halten,
Jahr für Jahr,
zur festgesetzten Zeit.

(Ex 13,3–4.6.8–10)

Lied (Auswahl)

Lied 19 Du, der den stummgeschlagnen Mund versteht
RG 457,1–3 Was ihr dem geringsten Menschen tut

L: Wie Jesus mit seinen Jüngern das Passamahl
zum letzten Mal am Vorabend seines Todes feierte,
wird im Markusevangelium im 14. Kapitel erzählt.
Die Geschichte führt uns zum Abendmahl.

Lesung

L: Und am ersten Tag der ungesäuerten Brote,
als man das Passalamm schlachtete,
sagen seine Jünger zu ihm:
Wo sollen wir hingehen und das Passamahl für dich bereiten?
Und er schickt zwei seiner Jünger und sagt zu ihnen:
Geht in die Stadt [...].
Und sie bereiteten das Passamahl. [...]
Und während sie assen,
nahm er Brot,
sprach den Lobpreis,
brach es und gab es ihnen und sprach:
Nehmt, das ist mein Leib.
Und er nahm einen Kelch,

sprach das Dankgebet und gab ihnen den,
und sie tranken alle daraus.
Und er sagte zu ihnen:
Das ist mein Blut des Bundes, das vergossen wird für viele.
Amen, ich sage euch:
Ich werde von der Frucht des Weinstocks nicht mehr trinken
bis zu dem Tag, da ich aufs Neue davon trinken werde
im Reich Gottes.
Und als sie den Lobgesang gesungen hatten,
gingen sie hinaus auf den Ölberg.

(Mk 14,12–13a.16.22–26)

Lied

Lied 16 Der Tisch der Armen

Alternativ kann der Text dieses Lieds, evtl. mit musikalischer Umrahmung, gelesen werden. In diesem Fall empfiehlt es sich, ein Gemeindelied einzufügen. Auswahl:

RG 318 Seht, das Brot, das wir hier teilen
RG 451 Holz auf Jesu Schulter
RG 456 Korn, das in die Erde

Hinführung zum Abendmahl

L: Wir versammeln uns um diesen Tisch,
wir brechen das Brot und trinken aus dem Becher.

Wir erinnern uns an Jesus, der gesagt hat:
Tut das immer wieder, damit unter euch gegenwärtig ist,
was ich für euch getan habe.

«Sonnenkraft, Erdkraft ist Er, Licht in Menschen,
dass wir einander stärken und beleben.
Brot von Gnade werden, Wein von ewigem Leben.»

Wir erinnern uns an das Leben Jesu,
weil uns die Wurzeln unserer Hoffnung wichtig sind
und weil uns die Gemeinschaft mit anderen wichtig ist.
Wir erinnern uns an das Teilen,
weil uns Freundschaft und Gerechtigkeit wichtig sind.

Wir teilen das Brot,
Keim der Hoffnung aus dunkler Erde.
Wir schenken uns ein,
Kraft des Lebens gegen den Tod.

Austeilung Brot und Wein

L: Wir geben einander vom Brot und dürfen voneinander Brot empfangen. Es darf auch mehr sein als ein Stück.
Wir schenken einander ein und empfangen voneinander den Traubensaft/den Wein. Wir wollen einander begegnen, in die Augen schauen und Gutes zusagen.

Mehrere Brote liegen auf zwei Tischen. Auf dem Taufstein stehen Krüge und Gläser. Der Traubensaft / Wein ist noch nicht eingeschenkt. Die Feiernden kommen in Gruppen nach vorne, reichen einander vom Brot, schenken Taubensaft / Wein in die Gläser ein und reichen diese weiter. Dazu erklingt Musik.

L: Durch die immerwährende Schöpfungskraft
sind wir Menschen miteinander verbunden.
Sie ist die Quelle der gelebten Liebe.
Die Kraft der Liebe stirbt nie
und darum bleiben wir auch über den Tod hinaus
in der Liebe verbunden.
Die Trennung ist nie ganz,
die Dunkelheit nie umfassend.

Auf die Feier des Abendmahls folgen der Verkündigungsteil, Fürbitten, Sendung und Segen.

Lieder in den Abendmahlsliturgien (Liedliste)

Lied Nr.	Titel	Liturgischer Ort / Thema
Lied 1	Gott, wir kommen / Gott, mir chömed	Hinführung
Lied 2	Wir loben dich / Mir lobed dich	Sanctus
Lied 3	Jesus, wir erinnern uns / Jesus, mir sind still	Anamnese
Lied 4	Sei willkommen / Sig willkomme	Epiklese
Lied 5	Wir teilen Brot und Wein / Mir teiled Brot und Wii	Einsetzung
Lied 6	Amen, Unser Vater / Amen, Üsen Vater	Unser Vater
Lied 7	Du bist für uns / Du bisch für üs	Austeilung
Lied 8	Amen. Halleluja	Dank / Doxologie
Lied 9	Am Abend der Welt	Schuldbekenntnis, Vertrauen
Lied 10	Barmherziger Gott	Schuldbekenntnis, Vergebung
Lied 11	Brot, das uns stärkt	Hinführung / Einsetzung
Lied 12	Brot des Lebens	Sanctus / Einsetzung
Lied 13	Chömed vo färn und nöch	Hinführung / Sanctus
Lied 14	Christus, Antlitz Gottes	Friedensgruss / Agnus Dei
Lied 15	Danke für alles, was du gibst, Herr	Sanctus
Lied 16	Der Tisch der Armen	Hinführung
Lied 17	Die Wüste vor Augen	Schuldbekenntnis / Fürbitte / Sendung
Lied 18	Du bist bei uns im Wein	Anamnese / Einsetzung
Lied 19	Du, der den stummgeschlagnen Mund versteht	Schuldbekenntnis / Hinführung / Fürbitte / Sendung
Lied 20	Gott sei Dank	Eingang / Sanctus

Lied Nr.	Titel	Liturgischer Ort / Thema
Lied 21	Heilig, heilig, heilig	Sanctus
Lied 22	Ich bin das Brot, lade euch ein	Schuldbekenntnis / Einsetzung
Lied 23	Ich laden oi ii	Hinführung / Einsetzung / Austeilung
Lied 24	Ich wott dir danke	Hinführung / Sanctus / Dank
Lied 25	Komm, Geist des Lebens	Epiklese
Lied 26	Komm, Heil'ger Geist, mit deiner Kraft	Eingang / Epiklese
Lied 27	Lebensgrund	Glaubensbekenntnis
Lied 28	Liebeszeichen, Lebenskraft	Einsetzung
Lied 29	Regenbogen	Eingang / Schuldbekenntnis
Lied 30	Sy Säge begleitet mi	Sendung / Segen
Lied 31	Wir kommen zusammen	Hinführung / Sanctus
Lied 32	Wo zwei oder drei	Eingang / Hinführung / Einsetzung
Lied 33	Wohin sonst	Eingang / Hinführung
Lied 34	Wunderbarer Hirt	Hinführung / Sanctus
Lied 35	Zum neue Läbe erweckt	Sanctus / Dank

Die 35 Lieder der Abendmahlsliturgien (Liedsätze)

Links zu Youtube-Aufnahmen der 35 Lieder der Abendmahlsliturgien

1 Gott, wir kommen / *Gott, mir chömed*

Text und Musik: Roman Bislin-Wild und Andreas Hausammann
© bei den Urhebern

2 Wir loben dich / *Mir lobed dich*

Wir lo-ben dich, du gu - ter Gott, und prei-sen dei-
Mir lo-bed dich, du gue - te Gott, und prii-sed luut

nen Na - men. Wir dan-ken dir___ und stau - nen nur:___ Du
din Na - me. Mir dan-ked dir___ und stuu - ned bloss: Du

lädst uns zu___ dir ein.___ Was du er - schaffst, was du___
ladsch üs zu___ dir ii.___ Was du er-schaffsch, was du___

___ uns schenkst in u - fer - lo - ser Gü - te, wird im-mer
___ üs schänksch i u - fer - lo - ser Güe - ti, wird im-mer

neu ein wun - der - ba - rer Schatz in uns-ren Her - zen sein.___
neu en wun - der - ba - re Schatz i üs - ne Här - ze sii.___

Text und Musik: Roman Bislin-Wild und Andreas Hausammann
© bei den Urhebern

3 Jesus, wir erinnern uns / *Jesus, mir sind still*

Text und Musik: Roman Bislin-Wild und Andreas Hausammann
© bei den Urhebern

4 Sei willkommen / *Sig willkomme*

Text und Musik: Roman Bislin-Wild und Andreas Hausammann
© bei den Urhebern

5 Wir teilen Brot und Wein / *Mir teiled Brot und Wii*

Wir tei - len Brot und Wein, und schme - cken so das Le - ben. Glau - ben, Hoff - nung, Lie - be, du hast sie uns ge - ge - ben - ben.

Mir tei - led Brot und Wii, de Gschmack vo Chorn und Rä - be. Glau - be, Hoff - nig, Lie - bi, du schänksch si üs zum Lä - be. - be.

Text und Musik: Roman Bislin-Wild und Andreas Hausammann
© bei den Urhebern

6 Amen, unser Vater / *Amen, üsen Vater*

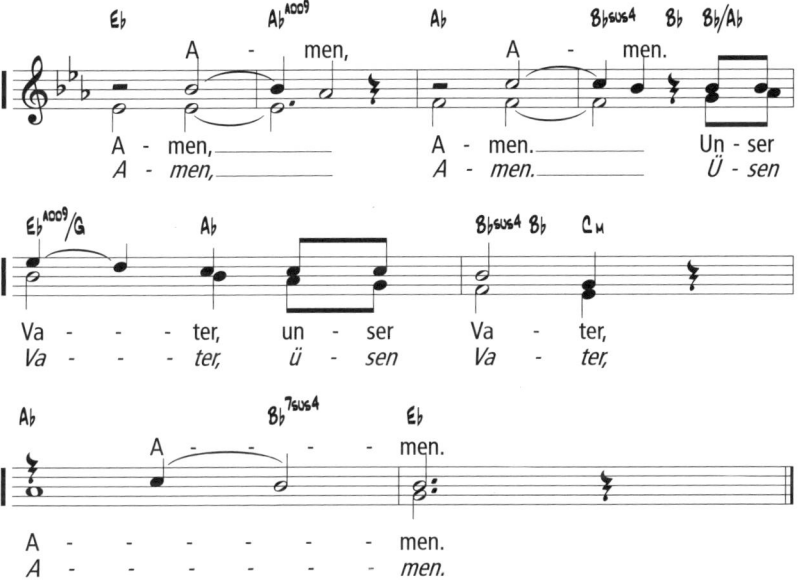

Text und Musik: Roman Bislin-Wild und Andreas Hausammann
© bei den Urhebern

7 Du bist für uns / *Du bisch für üs*

Text und Musik: Roman Bislin-Wild und Andreas Hausammann
© bei den Urhebern

8 Amen. Halleluja

Text und Musik: Roman Bislin-Wild und Andreas Hausammann
© bei den Urhebern

9 Am Abend der Welt

Text: Clemens Bittlinger
Melodie: David Plüss © creation music david music switzerland, Zofingen

10 Barmherziger Gott

Text und Musik: Jonas Engström (Original: Barmhärtige Gud)
© Soulful Music

11 Brot, das uns stärkt

(Kanon für 3 Stimmen)

Text und Musik: Bernd Schlaudt
© beim Urheber

12 Brot des Lebens

Brot des Lebens, Brot der Freude,
Brot der Hoffnung, Gott lädt uns ein.
Halleluja. Halleluja.
Wir dürfen Jesu Gäste sein.

Text und Musik: C. Tessen / B. Hamm
© 2013 by Carus-Verlag, Stuttgart

13 Chömed vo färn und nöch

1. Chö-med vo färn und nöch, chö-med, ob arm, ob riich,
2. Chö-med mit Fro-ge, mir zä-me wänd's wo-ge, mir

Gwün-ner, Ver-lüü-rer, ihr Lüüt grad wie mir.
sue-che nach Ant-wort und sue-che nach Sinn.

Chö-med, ihr Rei-sen-de, all ihr Wer-weis-sen-de,
Ihr, De-pri-mier-ti, fin-ded Al-li-ier-ti und

blii-bed es Wii-li, will kom-me sind
Chraft für e Kör-per und

ihr.   Nah-rig für d'Seel.

Originaltitel: Vagabonds. Text & Melodie: Stuart Townend & Mark Edwards & Phil Baggaley. Übersetzung: Samuel Dietiker
© 2011 Thankyou Music. Für D, A, CH: SCM Hänssler, Holzgerlingen

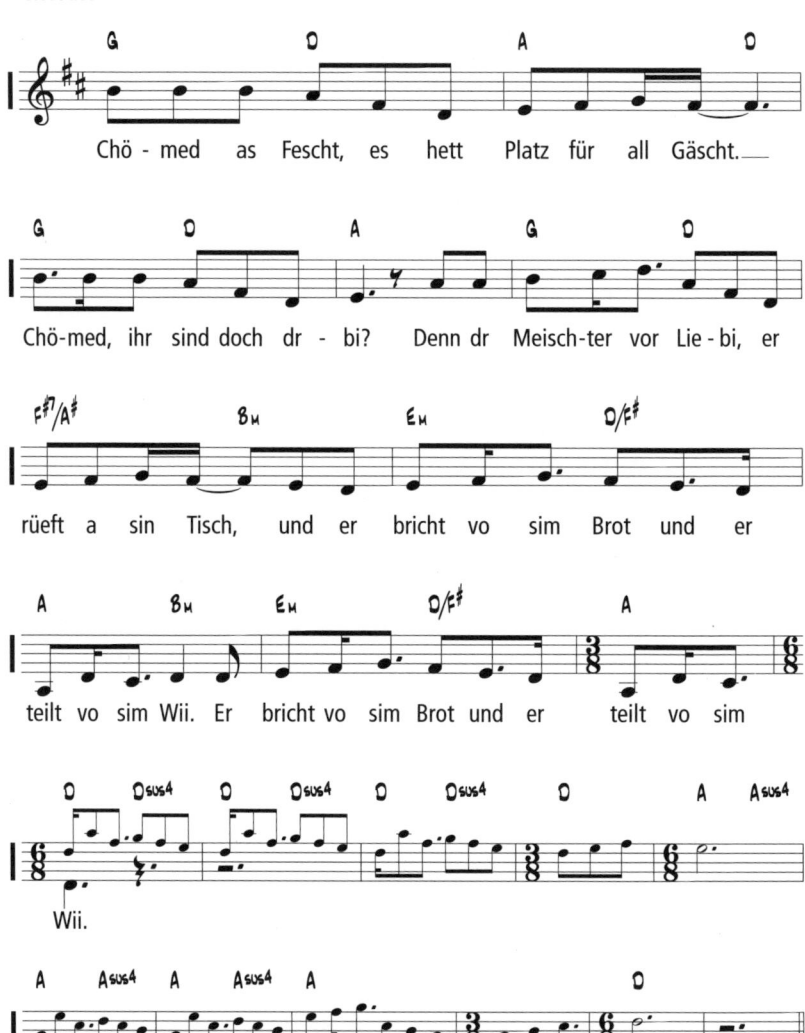

3. Ihr mit de Sorge
um s'Gäld, scho am Morge,
um d'Wohnig, um d'Arbet, um s'Sii i dr Wält.
Wo n ihr au här – ob ihr grad oder quer – sind,
ob ängschtlich, ob muetig, ob jung oder alt.

4. Ihr, wo vertroued,
uf Tröim, uf Gott boued,
und ihr, wo käi Rueh händ – ihr sueched s'Dehäi.
Praktiker, Dänker, Vermittlendi, Länkendi,
Glücklichi, Truurigi, Mönsche eläi.

5. Ihr, wo ke Muet händ,
nümm glaubed, dass's guet chunnt
und du, wo d'voll Füür diskutiersch für dis Ziil.
Ihr Motivierte und Privilegierte
und ihr, wo enttüüscht sind, dass niemer euch will.

14 Christus Antlitz Gottes

Text: Susanne Kayser / Ilona Schmidt-Jeromin 2008 (Liturgievariante: Jochen Arnold) / Musik: Jochen Arnold 2008
© Text: bei den Urhebern / Musik: Strube Verlag München

15 Danke für alles, was du gibst, Herr

Dan-ke für al-les, was du gibst, Herr.
Dan-ke, dass du mich reich be-schenkst.
Dan-ke, dass du uns so sehr liebst, Herr.
Dan-ke, dass du gut von uns denkst.
Du bist die Quelle des Lebens, bei dir finden wir alles, was wir brauchen.
Du bist der Grund unserer Freude, zu dir singen wir: Vater Gott, wir danken dir!

Text und Melodie: Albert Frey
© 1997 SCM Hänssler, D-71087 Holzgerlingen, für Immanuel Music, Ravensburg

16 Der Tisch der Armen

1. Was in Stille blüht, in dem Schatten von Gärten, unter der Sonne heiss, auf dem Acker, hat Er bestimmt für die Tische der Armen.

2. Sonnenkraft, Erdkraft ist Er, Licht in Menschen, dass wir einander stärken und beleben, Brot von Gnade werden, Wein von ewigem Leben.

Text: Huub Oisterhuus (deutsch: Annette Rothenberg-Joerges) / Musik: Antoine Oomen
© Kees Kok

17 Die Wüste vor Augen (Kyrie-Lied)

1. Die Wüs-te vor Au-gen. Un-weg-sam.
2. Ein Schritt in den Mor-gen. Wun-der-bar.
3. An an-de-re den-ken. Lie-be-voll.

Fins-te-re, fros-ti-ge Nacht. Wird Glau-be noch tau-gen?
Man-na, wie fun-keln-des Licht. Gott wird für dich sor-gen.
Fül-le von him-li-schem Brot. Auch täg-lich be-schen-ken.

Un-weg-sam. Hung-ri-ger Zwei-fel er-wacht.
Wun-der-bar. Samm-le, doch hor-te es nicht.
Lie-be-voll. Tei-le, be-en-de die Not.

Ky - ri - e, ky - ri - e, ky - ri - e ___ e - lei - son.

Ky - ri - e, ky - ri - e, ky - ri - e ___ e - lei - son.

Text: Ilona Schmitz-Jeromin 2012 / Musik: Klaus Eidert Müller 2012
© Strube-Verlag, München

18 Du bist bei uns im Wein

Du bist bei uns im Wein und im Brot, Le-ben er-
stan-den aus dem Tod. Le-ben ge-teilt wie Brot und wie
Wein, so willst du un-ter den Men - schen sein.

1. In dem Mahl, das uns ver-eint, bist du da;
2. In dem Brot, das du uns reichst, bist du da;
3. In dem Kelch mit dei-nem Blut bist du da;

se - lig sind al - le, die von dir ge - la - den sind.
se - lig sind al - le, die zu dei - nem Leib ge - hör'n.
se - lig sind al - le, die der neu - e Bund ver - eint.

Text: Lothar Zenetti / Musik: Thomas Bergenthal
© Text: Strube-Verlag, München / Musik: beim Autor

19 Du, der den stummgeschlagnen Mund versteht

1. Du, der den stumm-ge-schlag-nen Mund ver-steht von al-len

Men-schen, die wir sterb-lich sind, wir ru-fen Dir den Na-men zu von

Ei-nem, Je-sus, der Sohn der Men-schen, Dein Ge-lieb-ter.

2. Nie sprach ein Mensch wie Er, in Ihm verstanden wir, wer Du bist, wozu wir Menschen leben. Er war Dein Wort für uns, Er hat vollbracht alle Gerechtigkeit, ein Mensch für alle.

3. Um Sei-net-wil-len sieh uns, hier ver-eint. Sieh all die

Sterb-li-chen auf die-ser Welt. Wo uns-re To-ten sind, ver-kohlt, ver-

weht, fra-gen wir Dich: Hast Du sie noch ge-sehn?

Text: Huub Oisterhuus (deutsch: Annette Rothenberg-Joerges) / Musik: Antoine Oomen
© Kees Kok

4. Warum erbarmungslos vernichtet werden die Ärmsten dieser Welt, Deine Geliebten; warum wir, die mit wenigen besitzen, was allen zugedacht, Dein Wort nicht tun,

5. nicht schaf-fen ei-ne Welt, wo Frie-den herrscht, die neu-e Ord-nung der Ge-rech-tig-keit. Du, der uns hat ge-sagt, was Le-ben ist: das Gu-te tun, ei-nan-der zu be-frei-en.

6. Du, der dies Wort uns ein-ge-ge-ben hat, ein Quell von Kraft und Mut, si-che-rem Wis-sen. Du, der das Licht in uns ge-schaf-fen hat, dass nicht die Fin-ster-nis uns ü-ber-wäl-tigt,

7. dass nicht das letzte Wort dem Tod gehört. Du, der bis hier uns trägt, uns hält am Leben,
Du, der uns eingestimmt auf Deine Stimme, Du, der uns hat geschaffen auf Dich hin,

8. der uns ge - sucht, noch eh wir nach Dir rie - fen, du, der ge -

sagt hat, dass Du uns wirst fin - den. Wir ru - fen Dir den Na - men zu von

al - len, Is - ra - el, die - se Er - de, Dei - ne Lieb - sten.

20 Gott sei Dank

Die 35 Lieder der Abendmahlsliturgien (Liedsätze)

Text und Melodie: Albert Frey
© 1998 SCM Hänssler, D-71087 Holzgerlingen für Immanuel Music, Ravensburg

21 Heilig, heilig, heilig

Text: nach Jes 6,3 und Mt 21,9 / Musik: Jochen Arnold
© Strube Verlag, München

22 Ich bin das Brot, lade euch ein

Text: Clemens Bittlinger / Musik und Bearbeitung: David Plüss
© alle Rechte bei den Autoren

23 Ich laden oi ii

Text und Musik: Andrew Bond 2007
© Grossengaden Verlag

24 Ich wott dir danke

Text und Musik: Sefora Nelson (Schweizerdeutsch: Marcel Wittwer)
© 2015 Royalheart adm. by Gerth Medien, Wetzlar

25 Komm Geist des Lebens

Text und Musik: John L. Bell (Deutsch: Thomas Laubach / Französisch: Hans Schmocker)
© WGRG Iona Community, Glasgow, Scotland / Dt. Text: tvd-Verlag, Düsseldorf

2. Komm, Himmelsatem...
3. Komm, du Erbarmen...
4. Komm, Flamme Gottes...
5. Komm, grosser Schöpfer...

6. Komm, zu versöhnen...
7. Komm, störe uns auf...
8. Komm, gehe uns auf...

2. Come, breath of heaven...
3. Come, word of mercy...
4. Come fire of judgment...
5. Come, great Creator...

6. Come to unite us...
7. Come to disturb us...
8. Come to inspire us...

2. Viens, souffle divin...
3. Viens, verbe de grâce...
4. Viens, feu du jugement...
5. Viens, puissant créateur...

6. Viens pur nous unir...
7. Viens nous déranger...
8. Viens nous inspirer...

26 Komm, Heil'ger Geist, mit deiner Kraft

V/A Komm, Heil'-ger Geist, mit dei-ner Kraft, die uns ver-bin-det und

Le - ben schafft.
1. Wie das Feu - er sich ver - brei - tet
2. Wie der Sturm, so un - auf - halt - sam,
3. Schen - ke uns von dei - ner Lie - be,

und die Dun - kel - heit er - hellt, so soll uns dein
dring in un - ser Le - ben ein. Nur, wenn wir uns
die ver - traut und die ver - gibt. Al - le spre - chen

Geist er - grei - fen, um - ge - stal - ten uns - re Welt.
nicht ver - schlies - sen, können wir dei - ne Kir - che sein.
ei - ne Spra - che, wenn ein Mensch den an - dern liebt.

Text: Hans Joachim Raile / Klaus Okonek / Musik: aus Israel
© bei den Autoren

27 Lebensgrund

1. Ich glau-be an den Va-ter im Him-mel, den
2. Ich glau-be an den Sohn, Je-sus Chris-tus, ganz
3. Ich glau-be an die Kraft sei-nes Geis-tes, der

Schöp-fer, der der Welt Le-ben gibt, all -
Gott und doch ganz Mensch, so wie wir. Am
uns le-ben-dig macht und be - freit, der

mäch-tig und barm-her-zig und gnä - dig, der
Kreuz ge-stor-ben und auf-er - stan - den. Er
uns zu-sam-men-führt als Ge - mein - schaft, der

Text und Musik: Albert Frey
© 2012 FREYKLANG adm. by Gerth Medien, Wetzlar

28 Liebeszeichen, Lebenskraft

1. Esst von die-sem Brot. Trinkt von die-sem Wein.
2. Nehmt, das ist sein Leib. Trinkt, das ist sein Blut.
3. Hal-tet nichts zu-rück. Teilt die Ga-ben aus.

Got-tes Lie-be, greif-bar nah. Al-le lädt er ein.
Lie-bes-zei-chen, Freund-schafts-dienst, denn er will uns gut.
Nah-rungs-mit-tel, Le-bens-kraft in die Welt hi-naus.

Got-tes Lie-be, greif-bar nah. Al-le lädt er ein.
Lie-bes-zei-chen, Freund-schafts-dienst, denn er will uns gut.
Nah-rungs-mit-tel, Le-bens-kraft in die Welt hi-naus.

Text: Christoph Zehendner / Musik: Ralf Schuon
© Auf den Punkt, Siegen

29 Regenbogen

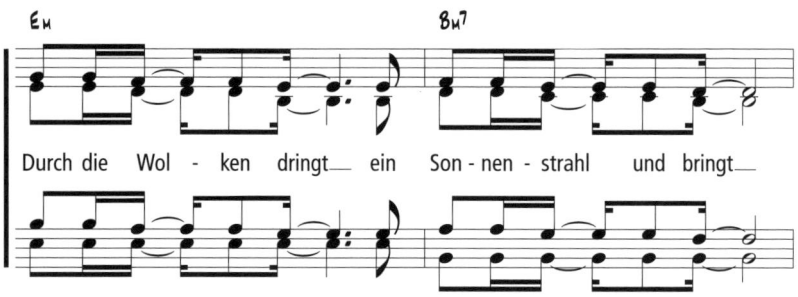

Text und Musik: Albert Frey
© 1998 FREYKLANG, adm. by Gerth Medien, Wetzlar

30 Sy Säge begleitet mi

Kei Tag söll's gä, wo'd seisch: I bi ganz al-lei. Kei
Kei Tag söll's gä, wo'd dänksch: I ha fasch kei Schnuuf. Kei
Tag söll's gä, wo'd fragsch: Wo bin i da-hei? Kei
Tag söll's gä, wo'd gloubsch: Nie-mer hilft mer uuf. Kei
Tag söll's gä, wo'd meinsch: Nie-mer lost mer zue. Gott isch
Tag söll's gä, wo du oh-ni Hoff-nig bisch, wüll Gott
im-mer nach bi üs, bi ihm fin-de mir Rueh.
ü-si Sor-ge kennt und im-mer byn üs isch.

Text und Musik: Christof Fankhauser
© beim Urheber

31 Wir kommen zusammen

Text: Martin Buchholz / Musik: Martin Buchholz / Timo Böcking
© 2019 www.herz-und-mund.de

32 Wo zwei oder drei
(Kanon für 2 Stimmen)

Wo zwei oder drei in meinem Namen versammelt sind, da bin ich mitten unter ihnen.

Text: Mt 18,20 / Musik: Jesus-Bruderschaft Gnadenthal
© Jesus-Bruderschaft e.V., Gnadenthal

33 Wohin sonst

Text und Musik: Thea Eichholz-Müller
© 2000 Gerth Medien Musikverlag, Wetzlar

158 Die 35 Lieder der Abendmahlsliturgien (Liedsätze)

35 Zum neue Läbe erweckt

Text: Esther Wild Bislin / Musik: Roman Bislin-Wild
© bei der Urheberin und dem Urheber

162 Die 35 Lieder der Abendmahlsliturgien (Liedsätze)

Anhang

Die Mitglieder der vier Arbeitsgruppen

Projektleitung
Pfr. Peter Weigl (bis 2022), Pfarrer in der ref. Kirchgemeinde Langnau/BE
Pfr. Thomas Muggli-Stokholm (ab 2022), Pfarrer in der ref. Kirchgemeinde Fehraltorf, Koordinator LGBK

Arbeitsgruppe 1: Sammlung & Sichtung
Pfr. Carl Boetschi, bis Ende 2023 Beauftragter für Pastorales, Ev.-ref. Kirche St. Gallen
Pfrn. Aline Kellenberger, Pfarrerin in der City-Kirche Luzern
Pfr. Andreas Steingruber, Doktorand bei Prof. Dr. Ralph Kunz an der Universität Zürich
Pfrn. Sabine Stückelberger, Pfarrerin in der ref. Kirchgemeinde Uster
Pfr. Rolf Zaugg, Pfarrer in der ref. Kirchgemeinde Brugg AG

Arbeitsgruppe 2: Theologie & Liturgik
Prof. Dr. theol. Andrea Bieler, Professorin für Praktische Theologie an der Universität Basel
Prof. Dr. theol. Ralph Kunz, Professor für Praktische Theologie mit den Schwerpunkten Predigt, Gottesdienst und Seelsorge an der Universität Zürich
Dr. theol. Katrin Kusmierz, Wissenschaftliche Geschäftsführerin Kompetenzzentrum Liturgik an der Universität Bern
Dr. theol. Christine Oefele, Beauftragte für Gottesdienst und Kirchenmusik der Reformierten Kirchen Bern-Jura-Solothurn.
Prof. Dr. theol. David Plüss, Professor für Homiletik, Liturgik und Kirchentheorie an der Universität Bern
Prof. Dr. theol. Benjamin Schliesser, Professor für Literatur und Theologie des Neuen Testaments an der Universität Bern

Arbeitsgruppe 3: Musik & Lieder
Roman Bislin, Dozent für Klavier, Harmonielehre und Arrangieren an der Pädagogischen Hochschule St. Gallen, Kirchenmusiker und Pianist
Andreas Hausammann, Leiter Evangelische Kirchenmusikschule St. Gallen, Leiter des Gesangsprozesses der LGBK, Komponist, Pianist

Pfrn. Katharina Hiller, Bereichsleitung Personalführung Pfarrschaft und Personalentwicklung in der Reformierten Kirche des Kantons Zürich

Elie Jolliet, Organist, Chorleiter, Hymnologe, Kirchenmusiker in Köniz, Hasle und Muri-Gümligen

Caroline Marti, Organistin in Münsingen BE, Chorleiterin, Mitglied des Zentralverbandes und der Verlagskommission im Schweizerischen Kirchengesangsbund

Arbeitsgruppe 4: Synthese
Pfr. Carl Boetschi
Pfrn. Aline Kellenberger
Dr. theol. Katrin Kusmierz
Pfr. Thomas Muggli-Stokholm
Dr. theol. Christine Oefele

Auswahl Abendmahlslieder in RG und Rise Up (plus)

RG	RUp	RUpl	Titel	liturgischer Ort	Einordnung, Themen, Verständnis des Abendmahls, Besonderheiten
		127	Mass of the Celtic Saints	ganze Liturgie	eingängige schöne keltische Melodien zu allen Messteilen
319			Jesus lädt öis ii	Eröffnung	züridütsch, Kinderlied, Freude, Gemeinschaft, Hoffnung
321	043	091	Aus vielen Körnern gibt es Brot	Eröffnung	3-strophiges, ruhiges neues geistliches Lied, Gemeinschaft, Frieden
323			Komm, sag es allen weiter	Eröffnung	Melodie von «Go tell it on the mountain», Gemeinschaft in Christus, Jesus kommt zu allen, Zeugnis
	005		Andere Lieder wollen wir singen	Eröffnung	Refrainlied, NGL, Befreiung, Pessach, Teilhabe, Gemeinschaft, Hoffnung
	058	093	Kommt mit Gaben und Lobgesang	Eröffnung	grooviges Abendmahlslied (Latin), Freude, Liebe, Wort, Tat, Brot für die Welt
	141	092	Let us break bread together	Eröffnung	traditionelles Spiritual, Demut in Gemeinschaft, Lob Gottes
	173	098	Nimm, o Herr, die Gaben	Eröffnung	ruhiges neues geistliches Lied, Opfergabe, Leben nach dem Tod
	243	116	Brot, das die Hoffnung nährt	Eröffnung	«Sacro-Pop»-Klassiker, Fülle an inspirierenden Abendmahls-Bildern, Passepartout-Lied

Anhang

RG	RUp	RUpl	Titel	liturgischer Ort	Einordnung, Themen, Verständnis des Abendmahls, Besonderheiten
	244	100	Wenn das Brot, das wir teilen	Eröffnung	Symbollied, Legende von Elisabeth (Brot wird zu Rosen), Gottes Präsenz bei uns in Liebe
		040	Das Weizenkorn fällt hinein in die Erde	Eröffnung	grooviges Abendmahlslied (Samba), Gemeinschaft, Leben, Auferstehung
		167	So ist Versöhnung	Eröffnung	ruhiges neues geistliches Lied, vierstimmiger Refrain, viele schöne Bilder für Versöhnung
307			Heilig, heilig, heilig, Herr, Gott der Mächte	Sanctus	klassisches Sanctus-Lied, kanonischer Satz im SKGB-Chorheft 16 (CH16)
		080	Du, dessen Name heilig ist	Sanctus	einfaches, schönes, mehrstimmiges Sanctus im schwingenden 12/8-Takt
	059	081	Du bist heilig	Sanctus	grooviges Sanctus-Lied (Samba), einfach kanonisch zu singen, Abendmahl als Zeichen der Liebe Gottes
	176	089	Santo - es nuestro Dios	Sanctus	grooviges Sanctus aus El Salvador
	064	090	Santo, santo, santo	Sanctus	ruhiges argentinisches Sanctus, 4-sprachig, einfacher Chorsatz
	175		Heilig - Herr und Gott	Sanctus	grooviges Sanctus-Lied, einfach mehrstimmig zu singen

RG	RUp	RUpl	Titel	liturgischer Ort	Einordnung, Themen, Verständnis des Abendmahls, Besonderheiten
	205	274	Danos un corazón	Epiklese, Friedensgruss	Refrain eines lateinamerikanischen Liedes, schön im Quodlibet mit RG 336 und RG 335, Stärkung; CH 16
318			Seht, das Brot, das wir hier teilen	Einsetzungsworte	vor den Einsetzungsworten, Gegenwart des Herrn, Solidarität, Frieden, Versöhnung, Zeugnis, Nachfolge
	177	118	Deinen Tod, Herr, verkünden wir	Akklamation	groovige Akklamation, (1Kor 11,26)
334			Dona nobis pacem	Friedensgruss	traditioneller lateinischer Kanon, Frieden; Oberstimme im SKGB; CH 16
335	186	097	Shalom chaverim	Friedensgruss	traditioneller hebräischer Kanon, schön im Quodlibet mit RG 336 und RUp 205, Frieden; CH 16
336	185	095	Fride wünsch ich diir	Friedensgruss	Kanon züridütsch (oder hochdeutsch, siehe RUp 185), schön im Quodlibet mit RG 335 und RUp 205, Frieden; CH16
314			Christe, du Lamm Gottes	Agnus Dei	klassisches Abendmahlslied
315			Siehe, das ist Gottes Lamm	Agnus Dei	schöner, dichter Kanon
		070	Christus, Antlitz Gottes	Agnus Dei	neueres Agnus Dei-Lied mit modernerem und traditionellem Text

RG	RUp	RUpl	Titel	liturgischer Ort	Einordnung, Themen, Verständnis des Abendmahls, Besonderheiten
320			Dank sei dir, Vater, für das ewge Leben	Austeilung	vor der Austeilung, Gemeinschaft von Geschwistern, Erlösung
88			Hinne ma tov uma naim	Austeilung	traditioneller hebräischer Kanon (Ps 133,1), Gemeinschaft
813	208	250	Ubi caritas	Austeilung	Taizé-Lied, Liebe, Nächstenliebe, Präsenz Gottes

Einordnung in die Abendmahlsliturgie (RG 153)	
Zurüstung des Tisches und Einladung	Eröffnung
Anbetung und Lob	Sanctus
Abendmahlsbericht (evtl. mit Akklamation)	Einsetzungsworte, (Akklamation)
Abendmahlsgebet	Epiklese, Friedensgruss, Agnus Dei
Austeilung	Austeilung

Pfr. Dietrich Jäger-Metzger, Ettingen, hat die Lieder zusammengestellt, zur freien Verwendung und Verbreitung.

Für dich!
Spendeworte zu Brot und Wein/Traubensaft

Der Aspekt der Sündenvergebung
Christus schenkt sich dir im Brot.
Christus schenkt sich dir im Wein.

Christi Leib – für dich gegeben.
Christi Blut – für dich vergossen.

Der Leib Christi bewahre dich zum ewigen Leben
Das Blut Christi stärke dich zum ewigen Leben.

Der Aspekt der Stärkung
Nimm und iss vom Brot des Lebens.
Jesus Christus stärke dich zum ewigen Leben.
Nimm und trink vom Kelch des Heils.

Jesus Christus bewahre dich zum ewigen Leben.
Das Brot des Lebens: für dich.
Der Kelch des Heils: für dich.

Dir zur Kraft.
Dir zum Leben.

Jesus für dich.
Gottes Lebenskraft für dich.

Der Aspekt der Freude
Dir zur Freude.
Dir zum Leben.

Für dich zum Leben
Für dich zur Freude

Nimm das Brot: Gabe der Liebe und Grund zur Freude – für dich.
Nimm den Wein: Kelch des Heils – Quelle des Lebens – für dich.

Anhang 171

Der Aspekt der Gemeinschaft

Dieser Aspekt kann auch dadurch zum Ausdruck kommen, dass man Brot und Wein einander weiterreicht. In kleinen vertrauten Gruppen kann es auch schön sein, den Namen dazu zu sagen:

(Name), dir zu Kraft.
(Name), dir zur Freude.

Für dich, (Name)
Für dich, (Name)

(Aus: Natalie Ende und Sabine Bäuerle (Hg.), Gestärkt werden. Abendmahl feiern und verstehen, Zentrum Verkündigung der EKHN, Bd. 114, Frankfurt 2010 © Zentrum Verkündigung der EKHN)

Literatur zum Abendmahl

Amman, Christoph / Kunz, Ralph / Krieg, Matthias, Abendmahl (Reihe denkMal – Standpunkte aus Theologie und Kirche, Bd. 5), Zürich 2007.

Bieler, Andrea / Schottroff, Luise, Das Abendmahl. Essen, um zu leben, Gütersloh 2007.

Bürki, Bruno, Die Struktur des Gottesdienstes mit Wortverkündigung und Herrenmahl, in: ders. / Alfred Ehrensperger / Daniel Neeser / Elisabeth Strübin, Gottesdienst feiern. Eine Orientierungshilfe für Vorbereitung und Gestaltung, Zürich 1993.

Ehrensperger, Alfred, Der evangelisch-reformierte Abendmahlsgottesdienst in den Kirchen der deutschsprachigen Schweiz. Sein Charakter, sein Aufbau und seine Vorbereitung, in: Jahrbuch für Liturgik und Hymnologie 44, 9–41, Göttingen 2005.

Ehrensperger, Alfred, Zwinglis Abendmahlsgottesdienst, in: ders., Lebendiger Gottesdienst. Beiträge zur Liturgik (hg. von Ralph Kunz und Hans-Jürg Stefan), Zürich 2003, 15–40.

Einführung in die Praxis des Abendmahls, in: Liturgie. Bd. III Abendmahl, hg. im Auftrag der Liturgiekonferenz der evangelisch-reformierten Kirchen in der deutschsprachigen Schweiz, Zürich/Bern 1983. https://www.gottesdienstref.ch/perch/resources/04-09-03-bd3suchbar-1.pdf.

Institut für Theologie und Ethik (SEK), Das Abendmahl in evangelischer Perspektive. Überlegungen und Empfehlungen des Rates des Schweizerischen Evangelischen Kirchenbundes SEK-FEPS, Bern 2004.

Kunz, Ralph, Abendmahlsgottesdienst, in: Plüss, David / Kusmierz, Katrin / Kunz, Ralph / Zeindler, Matthias, Gottesdienst in der reformierten Kirche, Zürich 2017, 224–242.

Liturgiekonferenz der Evangelisch-reformierten Kirchen in der deutschsprachigen Schweiz, Band III Abendmahl, Bern 1983, siehe insbesondere die sehr informative Einführung (13–55). https://www.gottesdienst-ref.ch/perch/resources/04-09-03-bd3suchbar-1.pdf.

Müller, Patrik / Plüss, David, Reformierte Abendmahlspraxis. Plädoyer für liturgische Verbindlichkeit in der Vielfalt (Schriftenreihe der Reformierten Landeskirche Aargau, Bd. 1), Zürich 2005.

Plüss, David / Deeg, Alexander, Liturgik (Lehrbuch Praktische Theologie, Bd. 5), Gütersloh 2021.

Welker, Michael, Was geht vor beim Abendmahl?, Gütersloh 2004.

Zentrum Verkündigung der Evangelischen Kirche in Hessen und Nassau (Hg.), Liturgischer Wegweiser durch den Gottesdienst der EKHN, Frankfurt a. M. 2018.

Liturgiesammlungen

Brändlin, Sabine/ Locher, Gottfried Wilhelm / Wagner, Dieter, Reformierter Abendmahlsgottesdienst. Liturgieheft zur Aargauer Jubiläumsliturgie, Zürich 2016 (zusätzlich erschienen: Thomas Leininger, Partitur zum Chor-Gottesdienst; Andreas Hausammann, Partitur zum Pop-Gottesdienst; Stephan Haldemann / Peter Künzi, Partitur zum Jodel-Gottesdienst; Andrew Bond, De Himmel chunnt uf d Erde. Ein Weihnachtsspiel).

Bukowski, Peter u. a. (im Auftrag des Moderamens des Reformierten Bundes), Reformierte Liturgie. Gebete und Ordnungen für die unter dem Wort versammelte Gemeinde, Neukirchen 2010, www.reformiert-info.de/daten/ File/Upload/doc-6888-1.pdf.

Communauté de travail des commissions romandes de liturgie 2001, Liturgie du dimanche pour le temps ordinaire. La céne, à l'usage des Eglises réformées de la Suisse romande, https://plm.celebrer.ch/sites/default/files/userdata/ 03%20Sainte%20c%C3%A8ne%20du%20temps%20ordinaire.pdf.

Domay, Erhard / Köhler, Hanne, Der Gottesdienst. Liturgische Texte in gerechter Sprache, Bd. 2: Das Abendmahl / Die Kasualien, Gütersloh 1998.

Evangelisch-reformierte Kirche des Kantons Zürich, Zürcher Kirchenbuch. Ordnungen und Texte für den Gottesdienst der Gemeinde, Zürich 1969.

Leiniger, Thomas, Reformierter Abendmahlsgottesdienst.. Zürich

Liturgiekonferenz der Evangelisch-reformierten Kirchen in der deutschsprachigen Schweiz, Bd. III Abendmahl, Bern 1983, https://www.gottesdienst-ref.ch/ perch/resources/04-09-03-bd3suchbar-1.pdf.

Liturgie- und Gesangbuchkonferenz der evangelisch-reformierten Kirchen der deutschsprachigen Schweiz, Liturgie Taschenausgabe, Zürich 2011.